ヤマケイ文庫

山小屋の灯

Kobayashi Yuriko
小林百合子＝文

Nogawa Kasane
野川かさね＝写真

Yamakei Library

山小舎の灯

たそがれの灯《ともしび》は　ほのかに点りて
懐かしき山小舎は　ふもとの小径よ
想い出の窓に寄り　君をしのべば
風は過ぎし日の　歌をばささやくよ

暮れゆくは白馬か　穂高はあかねよ
樺の木のほの白き　影も薄れゆく
寂しさに君呼べど　わが声空しく
はるか谷間より　こだまは帰り来る

山小舎の灯は　今宵も点りて
一人聞くせせらぎも　静かにふけゆく
憧れは若き日の　夢をのせて
夕べ星のごと　み空に群れとぶよ

米山正夫　作詞・作曲

目次

山小屋の灯

一年ぶりの山

十文字小屋・奥秩父

気が遠くなるようなつづら折りを登り切ると、ようやく風を感じた。十文字《じゅうもんじ》峠へと続く森は深い。途中、沢筋で冷たい風が通る程度で、それ以外は鬱蒼とした森が続く。8月、正式に夏山の季節が始まった。夏でも涼しい北アルプスの山は絶好の避暑地だ。そんな時期にうだるような暑さの奥秩父に登るなんてどうかしている。

峠へと続くつづら折りを何度か折り返したところで、息が上がってしまった。前を行く野川さんの赤いザックが小さくなって、ついに見えなくなった。急いで追いつかねばと思うほどペースが乱れて、足が止まる間隔が短くなる。どうしたって、追いつけない。

山に来たのは、ほとんど一年ぶりだった。日帰りの山すら登っていなかったのだから、足も心肺機能も衰えていて当然だ。体重だって5キロは増えている。峠を越えたところで、野川さんが立ったまま待っていた。「何か食べる?」と言うので「大丈夫」

と返すと、「じゃあ行こう」と歩き出す。おい、こっちは今着いたばっかりだぞと内心憎々しく思う。

　山から遠のいたのは、仕事のせいでも体のせいでもない。それまでは盆暮れ正月を含む一年の4分の1くらいを山で過ごしていたものだから、各地の山小屋から「病気でもしたの？」なんて、結構マジな心配の声が届いていたと、後になって野川さんから聞いた。

　きっかけは本当にどうしようもないことだった。近しい山仲間が結婚したり子どもを持ったり、まっとうな人生を歩み始めたことに焦りのような嫉妬のような感情を抱いていた。一緒に山に行けばどうしてもそんな話題に晒されるし、馴染みの山小屋に泊まれば、「後に続かなくちゃね」と、実家かよ的なことを言われる。悪意のない言葉だからこそ、それに過剰に反応する自分がいっそう惨めに思えた。

　長らく一緒に山小屋を巡ってきた野川さんも今や一児の母だ。しばらく山から遠のいていたが、育児が落ち着いたのを機にまた山へ誘ってくれた。正直気乗りはしなかったけれど、重い腰と気持ちを上げた。夏山シーズンを迎えて浮かれた北アルプスは眩しい。誰もいないひっそりした山を黙々と登るのが今の自分にはいい。それで奥秩父

に来た。

初めて十文字小屋に泊まったのは、十文字峠から甲武信《こぶし》ヶ岳を経て金峰《きんぷ》山まで、奥秩父の縦走をしたときだった。男女5人のにぎやかなパーティで、「お母さん」こと、小屋の主人である宗村みち子さんには随分たくさんお酒をご馳走になった。

十文字は長野県川上村と埼玉県秩父市を結ぶ峠だ。

「昔はモンペ姿の花嫁さんが峠を越えてお嫁入りすることもあったのよ」

とお母さんに教えてもらって、当時30歳そこそこだった私は、「そんな思いまでして結婚したくないなあ」なんて、呑気なことを言っていた。

「今日はあなたたちだけだから、夕飯の前にお風呂に入っちゃいなさい」

と台所から声。言われるがままに風呂場へ行くと、大人ひとりがようやく入れる小さな風呂桶。ふだんなら野川さんと順番に入るのだけれど、このときはどうしてだかふたりで脚を折って、三角座りのような格好で浸かった。外から「外のバケツの中に缶ビールがあるから、それ取って飲みなさいね」とお母さんが叫ぶ声が聞こえた。

風呂から上がると食卓には晩酌の用意があった。黒霧島のボトルと湯が入った大

ポット。お母さんは焼酎党だ。酒の趣味が合うのは何よりうれしい。お母さんは台所で枝豆を茹でている。覗き見していたら、「食べる？」と小屋で漬けた小茄子を口に入れてくれた。

女3人の晩酌は、やっぱり女の話になる。

お母さんが十文字小屋に入ったのは51歳。若いころから山が好きで、息子が生まれると「ほとんど無理やり一緒に登らせてた」らしい。夫が旅立ち、息子の独立を見届けるとまた好きな山へ。「同じ働くなら町より山のほうが楽しいわよ」と、ここの管理人になった。

「私は1歳の息子を置いて山に来ちゃいました」と自虐交じりに言っていた野川さん。「子どもはそのうち大人になるから、そしたらまた好きなだけ山に行けるわよ、急がなくても大丈夫よ」というお母さんの言葉に、ウンウンと何度も頷いていた。

翌朝、のろのろと起き出していくと、お母さんはストーブの前で登山地図を読んでいた。「再来週、剱《つるぎ》に登るの。ちょっと怖いわ」と言いつつも、誰それさんと登るのだとか、どこの尾根から入るのだとか、楽しそうに計画を話してくれた。

朝食を食べて、台所で洗い物をしているお母さんのところへ運ぶ。思えば小屋に来てから、赤いエプロンをかけたお母さんの後ろ姿ばかり見ている。湯気とおいしそうな匂いに満ちた台所。「おかあさーん」と呼ぶと、「なあに?」と覗く顔。この小屋にいる限り、私も野川さんも平等に、ただの子どもだった。家庭を持っていてもいなくても、母親になってもならなくても、まだ30年と少ししか生きていない、頼りなく、未完成な存在。

「またいらっしゃい」。小屋の少し先まで見送ってくれたお母さんは、やっぱり赤いエプロンをかけていて、私たちが尾根を曲がって見えなくなるまで、そこに立っていてくれた。

歩きながら、どちらからともなく「次はどこの山へ行こうか」という話になった。裏銀座でテント泊もいいね、いやいや、コバヤシ病気説を否定しにまずは八ヶ岳でしょう、などなど。また素直に山に登りたいと思えたことがうれしくて、今度は後ろから私が見えなくなるくらい軽やかに、修行的な急坂を一気に下った。

季節の使者

山の鼻小屋・尾瀬

鳩待峠《はとまち》から続く木道を緩やかに下る。10月半ば、尾瀬の空気はすでに冷たく、カエデの赤、コシアブラのレモン色、ブナの橙《だいだい》、とりどりの落ち葉が足元をにぎやかにする。いつも同じ岩陰に岩魚が身を隠す川を渡るとビジターセンター。ツキノワグマが遊びにくる植物見本園の向こうには、おおらかな山容の至仏《しぶつ》山が見える。

山《やま》の鼻《はな》小屋の引き戸を開けるとき、私たちはあたりを注意深く見回す。土間にある喫茶室を、ロビーを、その奥にある喫煙室を。ああ、まだ来ていないのか、と。

尾瀬に入ると、自然と探してしまうものがいくつかある。ひとつはクマだ。

春から秋にかけての尾瀬は、いたるところにクマの気配が満ちている。雪解けが始まる5月。尾瀬ヶ原を歩いていると、単眼鏡を携えて山々を観察している人たちがいる。覗かせてもらうと、対岸の山の斜面にクマの母仔の姿があった。芽吹いたばかりのブナの新芽を食べたり、木登りをして遊んだり。それはなんともいえず平和な光景だった。

いつだったか、同じ時期に尾瀬ヶ原を訪れたときのこと。腐った雪と格闘しながら歩いていたら、左手に何やら動くものがある。立ち止まって見ると、100メートルほど離れた湿原を一頭のツキノワグマがてくてくと歩いていた。

「本当に驚いたとき、人は意外と冷静なものだよ」と言っていたのは誰だったろうか。ふだんは小さな虫にも大騒ぎする私だが、そのときは前を歩く野川さんに「クマがいる……」と独り言のように言ったのだった。野川さんはというと「あ、ほんとだ」としばらく見つめていたけれど、数秒後にはカメラを構えて「クマだよ！」とシャッターを押しまくっていた。

それ以来、尾瀬を歩くときにはいつも、クマの気配を探すようになった。夏はミズバショウの群生地で、秋にはブナの森で。いつもキョロキョロと目を走らせ、「ここにはまだ来ていないのかしら」など言いつつ、あの大きく、くろぐろとした生きもののことを思った。

山の鼻小屋でつい探してしまうのは、ある人だ。花畑日尚《はなはたにっしょう》さんは尾瀬で40年以上写

真を撮り続けるカメラマンで、何度も尾瀬で顔を合わせるうちに打ち解け、同じ山小屋に滞在するときは一緒に酒を飲む仲になった。申し合わせているわけではないが、5月の雪解け、7月の花、10月の紅葉と、「いい時期」には尾瀬のどこかに花畑さんの姿があって、大きなカメラバッグと三脚を担いで歩く人を見かけると、「花畑さんじゃない？」となる。

尾瀬ヶ原の入り口にある山の鼻小屋は花畑さんの定宿のひとつで、長いときは1週間以上滞在していることもある。たいていは私たちが後にやってくるので、「すみませーん」と小屋の引き戸を開けると、「お、来たか」と花畑さんが喫茶室から顔を出す。そんなとき、野川さんは「よかった、間違ってなかった」と言う。「師匠が今来ているってことは、紅葉は今がいちばんいいってことだよ」と。野川さんにとって花畑さんは、尾瀬の季節を正確に告げる使者のような存在なのかもしれない。

「まあ一杯やってよ」

主人の萩原照夫さんが缶ビールとおかきを持って出てくる。

「花畑さん、最近は腰が痛いとかなんとか言ってたから、今年はどうかなあ。でも紅葉もいい感じだから、そのうちひょっこり来るかもしれない」とも。

なんだったら携帯電話で連絡をすればいいだけの話なのだが、私たちはなぜかそうした試しがない。いつもこうしてドキドキしながら山の鼻小屋の引き戸を開けてその人の気配を探し、「まだ早かった」「一歩遅かった」と一喜一憂している。それは毎年微妙にそのタイミングを変えるクマの冬眠明けやミズバショウの開花と似ていて、あらかじめ答えがわかってしまっていたら、つまらないのだ。

翌朝5時半。部屋に朝日が差すと、野川さんはカメラバッグを背負って、小屋からすぐの植物見本園へ歩く。靄《もや》に包まれた金色の湿原、その中に浮かび上がる真っ白なシラカバ。それは朝のひとときしか現れない風景で、その瞬間を収めるために長い時間を待つ。

「今日も白い虹、出なかったね」

白い虹とは以前、山の鼻小屋で酒を飲んだとき、花畑さんが教えてくれたことだ。尾瀬ヶ原では朝、ある条件が揃うと湿原に真っ白い虹がかかるという。花畑さんも何度かしか見たことがないというが、それは美しい光景なのだそうだ。

その話を聞いて以来、野川さんはいつも「白い虹」を気にかけているようで、以前よりさらに早起きして、早朝から湿原を歩くようになった。ときに花畑さんと同じ山

小屋に宿泊すると、ふたりとも暗いうちから小屋を出て、それぞれ思い思いの場所で撮影している。

「かさねちゃんはどうだった、撮れた？」

「今日もダメでした」

「今度は俺はあっちに行ってみるかな」

30以上も歳が離れたふたり。あるのかないのかわからない「白い虹」を巡って、あでもないこうでもないと話し合うさまは、おかしくもあり、ちょっとうらやましくもあった。

朝の撮影を終えて、遅い朝食をとる。

「次は花畑さんと一緒に撮影したいな」

そう野川さんが言うから驚いた。

何度も同じ時期の尾瀬を訪れ、いつしか師弟のような関係になったふたりだけれど、そこは写真家同士。同じ場所で一緒にシャッターを切ることはこれまでほとんどなかった。

「花畑さん、もうあと何回尾瀬に来られるかわからないから、俺の秘密の撮影スポットは全部かさねちゃんに教えるなんて言うんだよ。私より重い荷物背負って歩いてるくせに」

姿は見えなくても、いつもそばに感じていた気配が失われるのは寂しい。私たちにとって花畑さんという人は、尾瀬の気配の一部のようになっていた。それがなくなることを思うと、とたんに心細く、通い慣れた尾瀬が、どこかよそよそしく感じられるのだった。

結局この秋、尾瀬で花畑さんに会うことはなかった。

「昨日電話があってね、天気がよくなったら来るらしいですよ」

尾瀬を出る朝、萩原さんから伝言を受け取った。尾瀬はあと数週間で小屋閉めの時期を迎える。次に会えるとしたら、雪解けが始まる5月初旬だろう。クマたちが長い冬眠から覚め、ミズバショウも顔を出すころだ。その風景の中に、大きなカメラバッグを背負って歩くその人の姿を思って、私たちは指折り数えて、今年もまた長い冬を越す。

幽霊の出ない小屋

丸川荘・大菩薩嶺

「紙皿でごめん。食器洗う水もばかにならないから。冬はどうしてもね……」

ふたりきりの客のために用意された夕食は、林檎と柿のサラダ、クラムチャウダー、鮭のホイル焼き。ごはんを炊いた鍋は毛布にくるまれて、ほかほかのまま食卓の上にある。

12月の大菩薩嶺《だいぼさつれい》。丸川荘《まるかわ》の前から大きく見える富士山はすっかり雪化粧して、裾野までしっかりとその姿を見せている。足元にはびっしりと霜柱。薪ストーブひとつの小屋では誰もがストーブに手をかざし、自然と円陣を組むような格好になる。

日が傾くと、ストーブは忙しくなる。味噌汁の片手鍋がのり、次に鮭を包んだホイル。じゅうじゅうと音がしだすころに、ごはん用の大鍋がどん、とくる。ヘリコプターでの物資輸送をしていない丸川荘では、物資はすべて人力運搬。こと客足がまばらになる冬場は歩荷の回数も減るため、ガスも無駄にできない。炊飯など火力のいるものだけは台所のガスコンロで行い、それ以外の料理はできるだけ薪ストーブで作る。

いくつもの鍋をのせたりおろしたりずらしたり。すべての料理が同時に完成するように段取りするのは大変だろうと思うけれど、夕食の時間にはちゃんと熱々の料理が並んだ。

「凍結防止のために山から水を引くパイプを止めたから、今は水も担いで上げてるの。だから冬は紙皿。環境にはよくないって思うんだけど、何せ食器を洗う水までは運べなくて」

主人の只木貞吉《ただきさだよし》さんは67歳。20代、宮城から上京して働いていたころ山を始めた。大菩薩嶺には通ったそうで、丸川荘の先代主人と顔なじみになるのに時間はかからなかった。

「客が来ないときは静かに木彫りをしているような人で、その姿に妙に憧れちゃってねえ」

跡取りとして小屋に入ったのが32歳だから、今年で35年目になる。今では只木さんも木彫りの達人で、カップやカトラリー、精緻な彫りを施した仏像まで手がける。

「寒いから一緒に食べてもいいかな」

ふだんは客と食事を共にしない只木さんだが、氷点下まで冷え込んだこの日はさすがに台所で食事をするのがつらいとみえて、私と野川さんと3人で食卓を囲むことになった。小屋が風の通り道に立っているのか、建物自体がガタガタと揺れているような気がする。

「小屋にひとりでいて、怖いと思ったことはないですか？」

と尋ねてみる。あちこちの山小屋に泊まっていると、よく不思議な話を耳にするからだ。

「吹雪の夜、小屋の扉を叩く音で目覚めたら、若い女性が立っていた。遭難者かと思って慌てて毛布を取りに行って戻ったら、そこにはもう誰もいなかった」

「ひとりで小屋の留守番をしていたとき。夜、トイレに行こうと外に出たら、黄緑色の火の玉みたいなのがふわふわ〜っと飛んでいた」

など。霊感が強いというある山小屋の主人は、客のいない夜にきまって台所に出る若い女の幽霊に愛着が湧いて（たいそう美人だそう）、夜な夜な身の上相談にのっているという。

私はその手の話がけっこう好きで、山小屋の主人と打ち解けると、すぐに怪談をせがむ。そのくせ怪談を聞いた夜はひとりでトイレに行くこともままならないという怖がりだからどうしようもない。それをよく知っている野川さんは、やれやれまたか、

という顔をしている。

「怖いと思ったことはないなあ。むしろお客がいない夜は好きかもしれない。自分の部屋でコタツに入って昭和の名作シリーズを観るの。ＤＶＤね。若大将とか、そういうの」

幽霊出ないのか、残念……。

「でも、幽霊より怖い思いをしたことはある。随分前、この界隈で泥棒が流行ったことがあってね。あるとき小屋に録音機を仕掛けて正体を突き止めてやろうと思ったわけ」

録音機を仕掛けて数日後、泥棒はまんまとやってきた。

「まず窓ガラスが割れる音がして、何かごそごそやってる様子なんだけど、男の声でたしかに『あ〜、楽しいナァ』って言ってるのが聞こえたの。そりゃあもう悔しくって」

その後、いったん犯人は捕まったものの、数年後、またしても空き巣が流行する。

「前と同じ犯人だと思うんだけど、ある日、近所の山小屋主人から『ついさっき空き巣にやられた』って連絡があって。私も自分の小屋が心配で、急いで小屋まで登って行ったの」

なんと只木さん、その道中で犯人と思しき男と鉢合わせしてしまった。

「坊主頭でドス黒い顔した男でね。子ども用の白いザックとズック靴姿。『どこから来た？』と聞いたら『柳沢峠の避難小屋だ』って。避難小屋なんてないから明らかに怪しいよね」

これは犯人に違いない。確信した只木さんは所持品を見せるよう言ったが、男は拒否。もみあいの末、男が持つビニール袋から盗品らしきテレホンカードや小銭が出てきた。

「男がずっと右ポケットから手を出さずにいたから、これはもしかしたら刃物でも隠し持ってるかもしれないぞと。そう思ったときは、さすがにちょっと怖かったけどね」

男は山へ逃げたが、その後、警察により御用となった。逮捕の決め手となったのは、そのとき只木さんが携帯で撮影した犯人の顔写真だったというからお手柄だ。

「目の前にいる犯人の写真を撮るなんてすごいけど、あんまり無理しないでくださいねって、警察の人が。そのときは必死だったけど、確かにちょっと危なかったよねえ」

その後も、丸川荘の珍客・珍騒動話は続き、百物語ではないけれど、ストーブの薪が燃え尽きるまで、只木さんの漫談でおおいに笑わせてもらった。

翌朝、3枚重ねにした毛布がうっすらと結露していた。空気は鋭いほど澄んでいて、朝日を浴びた富士山は桃色に染まった。森の中には立派なつらら。あちこち歩き回って写真を撮る。小屋に戻ると、熱いコーヒーが用意されていた。

「朝食作るけど、とろろは洋風がいい？　和風がいい？」

とろろに洋風なんてあるのかと思ったが、食べるとどことなく洋風……な気がする。味つけには何を使っているのかと尋ねても「そりゃあ内緒だよ」と教えてくれなかった。

「ひとりの夜は何してるかって言ってたけど、映画を観る以外は木彫りをしたり、どんな食事を作ろうかなとか、今度トイレを改造しようかなとか考えてるかな。そうそう、こないだ外トイレにちょっとした仕掛けをしたから、ぜひ使っていってよ」

帰りぎわ、くだんのトイレを使ってみた。木製の電話ボックスのようなトイレ小屋だが、先に入った野川さんが「何コレ〜！」と噴き出しながら出てきた。確かに意表をつく演出があって、おかげで尻にあたる冷たい隙間風も忘れてしまう。

「ここは寒いし水もないし、トイレの紙もないし、とにかく不便。だからちょっとでも楽しんで、笑ってもらえたらと思ってさ。まあそんなことばっかり考えてますよ、ひとりで」

丸川荘に幽霊は出ない。もしいたとしても、只木さんにかかったらいっぺんに喜劇になって、全然怪談にならないだろう。まあでも私が山で幽霊になったら、夜な夜なここへ遊びに来て、世にも愉快な主人の話を聞きたいと思うけれど。

入笠山の料理人

マナスル山荘本館・南アルプス前衛

初めてマナスル山荘を訪ねたのは、現主人の山口信吉《のぶよし》さんが小屋を引き継いだ年だった。当時私はある雑誌で、ファッションモデルを連れて山を歩くという企画を担当していた。

マナスル山荘がある入笠山《にゅうかさやま》は南アルプス前衛。山頂からは日本アルプス、富士山、八ヶ岳と360度の大パノラマが望めるが、山荘のある中腹まではゴンドラでアプローチできる。山荘から30分ほどの登山で大展望の山頂にたどり着けるなら、モデルさんでも大丈夫だろう。そんなわけで大所帯の撮影隊で一泊させてもらうことになったのだった。

取材の1週間ほど前、撮影場所の下見を兼ねて、ひとり入笠山を登ることにした。途中でマナスル山荘に立ち寄ると、山口さんがお茶とおやつでもてなしてくれた。撮影協力について礼を伝えると、「僕のほうこそお目にかかれてうれしいです」と言う。

じつは山口さん、私と野川さんが以前に刊行した『山と山小屋』という本を読んでくださっていて、自分の山小屋を作るにあたっての「参考書」にしてくれていたのだとか。

「リニューアルしたての小屋なので、まだまだ理想にはほど遠いのですが……。ぜひみなさんで泊まって、忌憚なき感想を聞かせてください」

とおっしゃって、撮影当日も盛大にもてなしてくださった。

その一年半後の2月、野川さんと真冬の入笠山を登る計画を立てた。雪に覆われた入笠湿原を歩くのも楽しみだったけれど、私は何よりマナスル山荘を訪れたかった。

「これからどんな小屋に育てていったらいいのか、それをずっと考えているんです」

以前の滞在時、そう少々不安げに話していた山口さんのことが気にかかっていた。

晴天の週末。昼時の食堂では従業員が慌ただしく料理を運んでいる。鉄鍋から湯気をあげる鍋焼きうどん、大きなカツがのったカレー、塊肉が鎮座するビーフシチュウ。山小屋離れした立派な料理を見て、ああ、山口さんはちゃんと自分の小屋を作ったんだと思った。

山口さんが初めて山小屋の仕事に入ったのは大学一年生のころ。北アルプスの山小屋でアルバイトをしながら、接客や料理を学んだ。卒業後もそのまま小屋に残り13年。

山も好きだったけれど、ひときわ魅力を感じたのは料理の奥深さだった。山小屋が休業する冬季にはカナダのスキーリゾートホテルの厨房に入り、洋食の腕も磨いた。

「カナダでは毎朝厨房でパンを焼くんです。朝食に焼きたてのパンが出る。ああこれは日本の山小屋でやっても絶対喜ばれるなと思って」

その後、北アルプスの槍《やり》ヶ岳山荘に職場を移した山口さん。ラッキーなことに、小屋の厨房にオーブンが導入されるタイミングだった。

「ゼロから作るのはさすがに無理だから生地は冷凍。それでもできるだけ本格的な味を出したくて、ホテルや飲食店向けの食品展示会を回って、これだという生地を探したんです」

槍ヶ岳山荘のパンは私たちも知っていた。「朝、焼きたてのパンが食べられる」という噂を聞いていて、そのためだけに槍ヶ岳に登ったこともあった。クロワッサン、カスタードパイ、ブリオッシュ。どれもほかほかと温かく、朝の食堂に満ちるバターの香りは無条件に人を幸せにした。あの至福の山小屋パンを考案したのが山口さんだったなんて。

日の出前、吐く息が真っ白になるほど冷え込んだ厨房に、スチームコンベクション

K2

の湯気が勢いよくあがる。まずはパン各種を焼き、続いてベーコン、目玉焼き。朝食メニューのほとんどをこのオーブンで作れてしまうというから驚く。厨房で作業するのは山口さんひとり。ほんの1時間ほどで30人分の朝食が出来上がった。

「料理を作るのは基本的に僕だけです。料理が好きだし、僕が出せる個性は何かと考えたら、やっぱり料理なんです。だからできるところまでやってみようと思ってます」

聞けば、昼間に食堂で見たカレーもビーフシチュウも手作りする本格派。シチュウにあっては和牛のホホ肉を毎日2日かけて煮込んでいるという。

底冷えする厨房で手を動かす山口さん。ところどころ継ぎはぎのあるダウンジャケットを着ていても、その手さばきと佇まいを見れば、この人が料理人であることがわかる。

「入笠山は綺麗な山だけど、北アルプスの絶景と比べたらやっぱりね。でもその分、物資の輸送が楽だから、手の込んだ料理を作れるし、生野菜だって毎日運べる。山小屋といっても規模や立地によってさまざまだから、うちはこの山に合った形で魅力を出していけたら」

そういえばマナスル山荘の夜は、ほかの山小屋とは少し雰囲気が違っていた。多くの山小屋では夕食が終わるとほどなくして消灯となるのだけれど、ここでは夕食後も食堂に残ってビールから日本酒に突入する人、ナイトハイクへ行く夫婦もいた。山頂まで小一時間という立地ゆえ、みな時間に追われることなく、ゆったりと夜の時間を過ごしていたのだ。

「北アルプスの山小屋にいたときは、明日も長い時間歩くから飲みすぎないようにと注意していたんですが、ここでは飲み放題なんていうのも始めてみたんです。けっこう好評で、登山に来ましたじゃなくて、飲みに来ましたなんていう常連さんもいるんですよ」

夕食どき、客の皿が綺麗になりつつあるころ、山口さんが厨房から大きな鍋を抱えて食堂に出てきた。中身は熱々のモツ煮込み。「みなさん、おつまみにどうぞ」という声に、飲んべえたちから歓声が上がる。いつ終わるとも知れないにぎやかな山の宴会。時折、厨房の中から食堂を覗く山口さんはニコニコと満足げで、それは紛れもなく、自分だけの小屋を作った山小屋主人の顔だと思った。

霧ヶ峰の記憶

ころぼっくるひゅって・霧ヶ峰

4月の霧《きり》ヶ峰《みね》は静かだ。湿原に花の姿はなく、ところどころまだ雪が残る。黄色く枯れた植物に少しだけ新しい緑が混ざって、なんともいえない優しい薄緑色。高原に沿って道路が走る霧ヶ峰は、夏場は観光客でにぎわうけれど、シーズン前はひっそりとしている。

そういえば霧ヶ峰をきちんと歩いたという記憶がなかった。考えてみると、これまで霧ヶ峰を訪れたのはほとんどが雑誌や本の撮影のためだった。霧ヶ峰を囲むように道路が走っているのをいいことに、車で移動しながら、風景のいい場所だけを巡っていたのだった。

ころぼっくるひゅってに宿を取ろうと思ったのには理由があった。宿を探してインターネットで検索をしていたとき、たまたま古い山小屋の写真を見つけた。湿原の中にぽつんと立つ小屋。どう見ても手づくりという感じで、瀟洒なペンションが目立つ

蝶々深山
CHOCHOMIYAMA
物見岩・八島
YASHIMA
白樺湖
SHIRAKABAKO

今の霧ヶ峰とはかけ離れた佇まい。それは60年前、できたばかりのころぼっくるひゅってだった。

「こんな時期に、珍しいね」

出迎えてくれたのは先代のご子息で、現主人の手塚貴峰《たかね》さんだった。

「うちは風呂はあるけどバスタオルも浴衣もないよ。大丈夫かな？」

きょとんとする私たちを見て

「ああ、君たちは山をやる人か、失礼、失礼。ほら、霧ヶ峰は立派なペンションが多いでしょ。アメニティとかいろいろ揃った宿がほとんどだから、うちに来るお客さんたちにもバスタオルないんですかとか、浴衣ないんですかとか聞かれることが多くってね……」

なるほど。確かに観光ついでに宿泊する人も多いだろうから、客の言い分もよくわかる。

「うちはあくまでも山小屋だから」

コーヒーをぐいと飲み干して、夕食の準備だろうか、貴峰さんは台所へ入っていった。

人影のない湿原は、雲だけがゆっくりと動いている。私たちは半日ぼんやりしていた。幸い小屋には古い山岳書がたくさんあって、私も野川さんも食堂でぱらぱらと本をめくり、持参した菓子を食べ、ときどき湿原に風が吹いたり、綺麗な光が差したりするとカメラを持って小屋の外に出たりして過ごした。

夕食を終え、風呂に入り、持参した日本酒を食堂で飲む。

「パック酒しかないけど、飲む?」

食事の片付けを終えた貴峰さんが芋焼酎とコップを持って出てきた。こんなとき、酒好きに生まれてよかったと思う。山小屋という場所では本当に聞きたい話は夜にしか聞けない。それは私の人見知りのせいもあるが、山小屋主人もそこまで社交的な人はまれだ。

芋焼酎のパックが軽くなったころ、貴峰さんが子ども時代の話をしてくれた。小学校に上がるまでこの小屋で育ったこと。小屋に電話が通じたとき、湯が使えるようになった日の安堵。そして湿原を囲むようにしてある道路が開通したときのこと。それは貴峰さんがここで過ごした半生の思い出であり、変わりゆく霧ヶ峰の記憶そのものだった。

「父がこの小屋を建てたとき、霧ヶ峰は無人の草原でした。道路もなかったから、白樺湖からえんえん歩いてくる物好きな登山者が少しいたくらいで。それはそれは静か

BEN'S
QUALITY
WORK

だった」

始まりは昭和31年。山を愛する青年だった父・宗求《むねやす》さんは、穏やかで美しい霧ヶ峰に魅せられ、ここに小屋を建てることを決めた。私が見た写真はその当時のもので、ほんの10坪くらいの小さな小屋に、結婚したばかりの奥様と暮らし始めたそうだ。

「あくまでも自宅で、営業小屋にするつもりはなかったそうですが、たまに悪天候に遭ったスキーヤーやハイカーが駆け込んでくることがあって。狭い小屋ですから、父は客と一緒に布団を並べて寝たそうです。母にとったらとんだ新婚生活だったと思いますけど」

疲れた登山者に安息を与える山小屋という場所。宗求さんは次第に霧ヶ峰にこの小屋が存在することの意義を感じるようになる。電気も水道もなく、ランプの明かりだけが頼りの小屋だったが、そこで登山者たちと肩寄せ、語り合う時間が好きだった。

「父はよく、『山小屋は質素でいい』と言っていました。道路が開通してからはペンションが増えましたが、父は山小屋というスタンスを変えなかった」

けれど、時代はものすごいスピードで変わっていく。便利さと快適さをどこまでも追求する世の中にあって、「質素でいい」という考え方はなかなか理解されづらい。

「便利さを味わうと、昔を忘れてしまうんですね、人って。でも全部が町と一緒になったら、ここのよさは失われてしまう。見知らぬ登山者同士が話をしたり、お酒を飲んだりっていうのもそう。父が『質素であれ』と言っていたのは、そういうことだと思うんです」

翌朝、霜柱を踏みながら蝶々深山《ちょうちょうみやま》まで登った。眼下には人影がひとつもない車山湿原が広がり、黄金色の草原が気持ちよさそうに風を受けている。

「あ、小屋だ」

野川さんがカメラを向ける先に、木立に囲まれたころぼっくるひゅってが小さく見えた。

60年前、悪天候で行き場をなくした登山者たちもまた、ここからこうしてあの山小屋を見つけたかもしれない。それは、どれほどの安心感を彼らに与えただろう。

小屋に戻ると、明日からの週末に向けてだろうか、貴峰さんが予約の電話を受けていた。

「うちは山小屋だけど大丈夫？　バスタオルなんて置いてないよ」

そう念押ししつつ、「こっちはまだ寒いから、暖かくして来てね」と付け加えるのだった。

私たちの北ヤツ

蓼科山荘・八ヶ岳

山を好きになったのは、北八ヶ岳《きたやつ》を知ったからだった。

南北に長く延びる八ヶ岳。夏沢峠を境に南側は南八ヶ岳。赤《あか》岳、硫黄《いおう》岳と岩々を越えて歩く険しい道が続く。かたや北側の北八ヶ岳は針葉樹の森が広がる穏やかな山域。小さな山小屋が点々とあって、目的を決めず、のんびりと歩くのにこれ以上いい山はない。

初めて北八ヶ岳を訪れたのは、山の雑誌を作るようになってすぐだった。それまでアウトドアらしい活動を何もしてこなかった私にとって、山岳取材というのは恐ろしいものだった。雑誌の撮影では、立ち止まるのは基本的に撮影するときのみ。軟弱な私は、どうかカメラマンが「ここでちょっと撮りましょう」と言いますようにと、祈りながら歩いた。

そこで思いついたのが「山小屋の時間を満喫する」という取材テーマ。当時から何となく「山小屋っていいな」と感じてはいたが、内心ではやはり山小屋がメインの取材なら楽でいいやとほくそ笑んでいたのだと思う。そのとき撮影を依頼したのが野川さんだった。

当時、彼女は女性誌など華やかな世界で活躍していたが、山の写真を発表したいと山岳雑誌の編集部にも顔を出していた。野川さんの山写真は独特だ。山岳雑誌の取材で撮影して来ても、「これじゃどこの山かさっぱりわからないですよ」と編集者が苦笑いすることもあった。それは靄《もや》に包まれた朝の山で、山肌らしきものはほとんど見えていなかった。

それでも私は彼女の写真が好きだった。

撮影当日は雨だった。登山口に着いてもこんな感じなら、彼女が「延期にする」と言ってくれるだろうとたかをくくっていたのだが、さっと身支度を整えて歩き始めてしまった。

「あのう、この雨って昼ごろにはやみますかね?」「明日は晴れますよね……」

なんとかして不安を打ち消そうと、前を行く野川さんの背中に呟き続ける。

「さあ、私、気象庁じゃないからねえ」

おっしゃる通り。我ながらじつに面倒くさい編集者だったと思う。

「雨の山も素敵ですよ、とくに北ヤツは」

それは気休めの言葉ではけっしてなくて、後日届いたプリントには雨を受け、その緑をいっそう濃くした森があった。山って面白いな、いいな。そう素直に思えた。

それから私たちは北ヤツに通った。ほとんどの場合は山頂を目指さず、ひっそりした尾根や湖を巡った。山小屋を泊まり歩き、主人たちと酒を飲んだ。それらは雨の山の美しさと同じで、気づかなければ素通りしてしまうさりげない山の魅力だった。私たちは時間をかけて歩き、観察し、人と話し、興味の赴くままに道や山小屋を繋いで歩いた。山はそれまでよりずっと奥行きをもって広がってゆき、何度歩いても飽きるということがなかった。

困ったことがあるとしたらそれは、どこの小屋に泊まるかということだった。あそこはしばらくぶりだから、いやあの小屋もご無沙汰だ。ああ、北ヤツの山小屋が長屋みたいになっていて、一度に全部ハシゴできたらいいのに。実際、歩いて2〜3時間の距離にある小屋なら1泊の日程で4軒ほどは顔を出せる。そんなときはザックに東京土産を満載して行商のような格好で山を歩いた。あるいはプレゼントを配り歩くサンタクロースみたいに。

蓼科《たてしな》山荘は北八ヶ岳の北端、蓼科山の中腹にある小屋だ。ここに泊まるとき、私たちは山小屋のハシゴをしない。主人の米川友基《ともき》さんは同世代で、北ヤツの山小屋の中では若いオーナーだ。歳が近いせいか話もビールのペースもよく合って、つい飲みすぎてしまう（生ビールのサーバーなんかがあるからなおいけない）。ほかの山小屋まで頑張って歩こうと思っても、前夜の酒の抜け切らない体では到底無理なのだ。

この日も午後2時くらいに小屋に着くなり、大きなジョッキが出てきた。

「今晩は上の山頂小屋のスタッフも来ると言っていたから、宴会ですね」

やっぱり今回もハシゴは無理ということだ。

蓼科山は十分日帰りできる山だ。必ずしも山小屋に泊まる必要がないので経営は大変だろうが、こういう小屋の夜は楽しい。泊まらなくても困らないのに泊まる人たちは、その小屋のことが心底好きだから。友基さんもそれをよくわかっていて、落語会やきのこ教室など、愉快なイベントを企画して、自分も一緒になって小屋での時間を楽しんでいる。

友基さんは三代目。中山峠にある黒百合《くろゆり》ヒュッテと蓼科山荘を営む父から兄弟それぞれが小屋を受け継いだ。兄が継いだ黒百合ヒュッテは八ヶ岳縦走の要衝となる天狗《てんぐ》岳の中腹にあり、通年客足が途絶えない。かたやこちらは最北端。冬季は休業し、春には雪の中から小屋を掘り出す作業に骨を折る。どう考えても不利な条件の小屋を継いだのは末っ子の宿命か。

「まさか。僕は断然こっちのほうがよかった。もともと兄貴が蓼科山荘に入っていたんですが、黒百合ヒュッテにスライドする形でこっちを譲ってもらったんです」とあっけらかんと言う。

「何よりここはのんびりしてるから。自分にはこっちのほうが合ってる」

それに、と付け加えて「八ヶ岳の核心部にある小屋じゃ、お客と一緒にお酒なんて飲んでられないでしょ」と笑っていた。

「コバヤシさーん、朝ごはん食べられそう？」

朝、寝室の階段下から友基さんが叫ぶ。結局昨夜もビールから焼酎、日本酒とチャンポンし、どうやって2階の寝室まで上がったのか覚えていない。隣に野川さんの姿はなく、掛け布団と毛布が几帳面にたたんであった。

のろのろと食卓につく。白ごはんと漬物、味噌汁、鯖の塩焼き、とろろ、海苔。ふだん二日酔いの朝はろくにものを食べられないのだが、蓼科山荘の朝ごはんは食べら

れる。とくにうれしいのはとろろで、これがあればごはんのおかわりだって出る。

このとろろが毎朝人の手ですられていると知ったのは、初めて蓼科山荘に泊まったときだったと思う。台所には60センチはあろうかという立派な長芋。これを大人の頭がすっぽり入るほど大きなすり鉢で一気にすっていく。すりたてはメレンゲのようにふわーっとしていて甘い。味付けは少しの出汁だけで、小屋番が擦りを担当しても、味見と最後の調整は友基さんがする。

北八ヶ岳の山小屋で、こういう風景を何度も見てきた。一見何気ないことでも、目を凝らすと丁寧な人の仕事があって、大げさな主張をするわけでもなく、当たり前のこととしてそこにある。そんな一切を目にするにつけ、主人たちの心意気に深く感じ入るのだった。

初めて北ヤツを歩いてから10年が経った。私たちは飽きもせず同じような道を登り下りし、同じ山小屋でくだを巻いて、ときにややという発見をしては感極まり、「やっぱり北ヤツっていいなあ」と、今もしみじみ思っている。

蓼科神社
蓼科山頂

星さんの天気図

両俣小屋・南アルプス

夏休みの広河原《ひろがわら》バスターミナル。どこかの沢でキャンプでもするのだろうか、大玉のスイカをぶら下げている一団もいる。北沢峠行きのバスは満員だけれど、途中下車したのは私たちだけだった。沢沿いにあるバス停で降りた私たちを、乗客はみな訝《いぶか》しげに見下ろす。

両俣《りょうまた》小屋は北岳の西麓。仙丈《せんじょう》ヶ岳と塩見《しおみ》岳を結ぶ尾根から1時間ほど下った場所にある。地図を広げれば一目瞭然だが、稜線から下りるにも登るにもかなりの急坂で、このルートを使うのは相当の猛者だ。もうひとつのルートが私たちの歩く林道で、こちらは主に治山工事のための道。ほとんどがコンリート敷きで、趣も何もない単調な道である。

小屋の前を流れる野呂川は岩魚が群れる絶好の釣り場で、ぼんやり眺めているだけでも魚影がちらちら見えたりする。そんなわけで、両俣小屋にわざわざ泊まりにくる

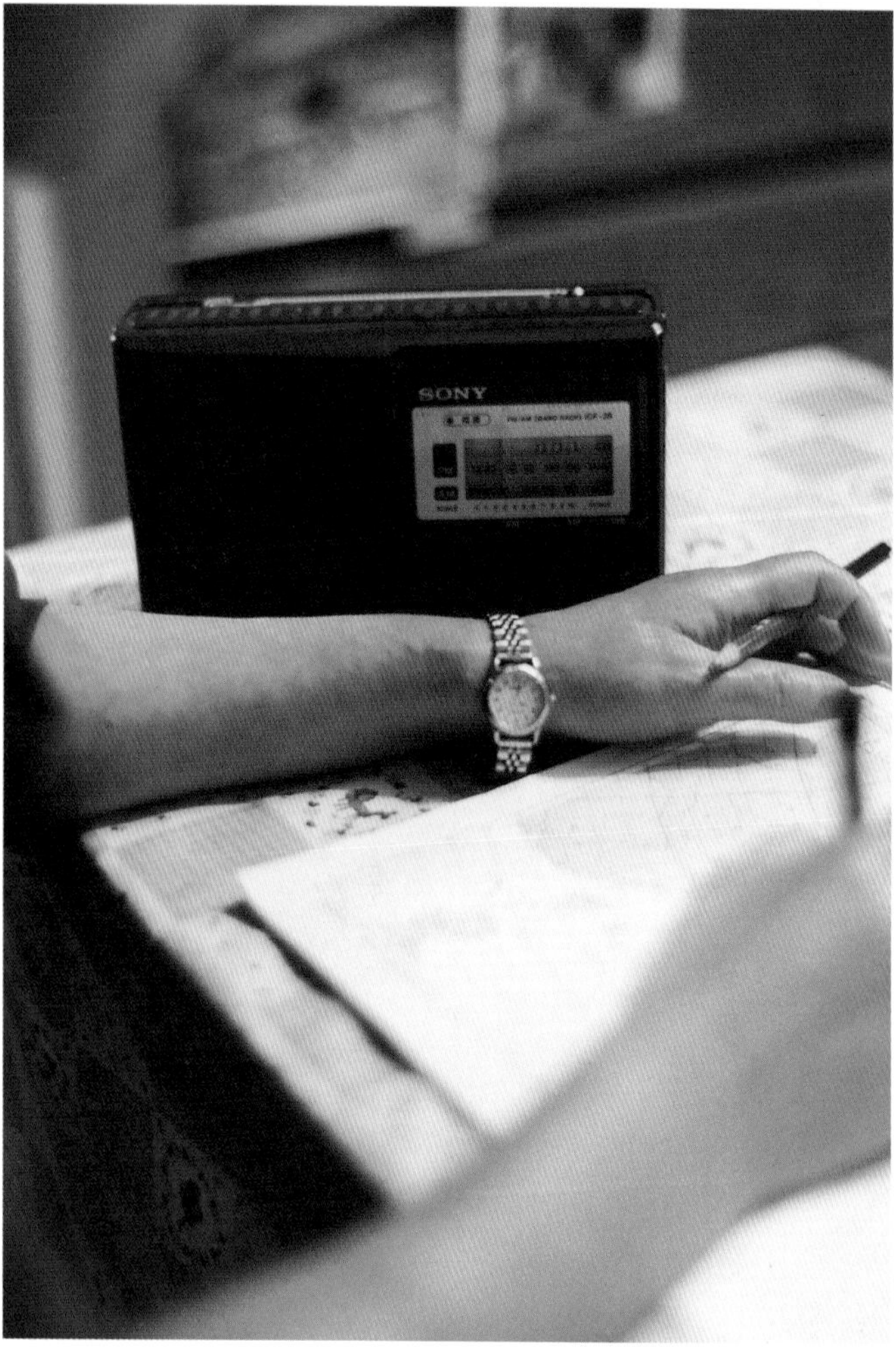
SONY

のはドMの登山者かよほどの釣り好きか、あとは私たちのような両俣族だけということになる。両俣族とは小屋番の星美知子《ほしみちこ》さんと酒を飲むことを主な目的とする常連たちの通称だ。

「あら、まだいい人見つからないの？」

一年ぶりに会った星さんの挨拶はこんなふう。そういえば前年の夏、一生独り身の人生を憂えて深酒した私を案じ、真剣に見合い相手を探してくれたのだった。台所には三岳、立山、八海山。常連たちが持ち寄った日本酒が並んでいる。酒好きの星さん、両俣族の間ではお土産には酒と決まっているのだ。

汗が引く前にビールでもと思ったのだけれど、星さんの姿が見当たらない。常連さんに尋ねると「4時から天気予報だから」と言う。星さんの自室を覗くと、ラジオを聴きながら天気図を描いているところだった。赤と青の色鉛筆を使った手描きの天気図。台風12号が九州に接近しており、沖縄には大きな渦巻きが描かれている。小屋にテレビはない。電話の電波も通じていないから、登山者にとっては星さんが毎日作る天気図だけが頼りなのだ。

夕方、客が入り始めると、星さんはほぼ全員に天気の話をする。もちろん私たちにも。

「あなた、明後日から劔《つるぎ》に行くんでしょ。北陸は下り坂だから気をつけないとダメだ」

少し厳しい表情だった。

夕食どき、しとしとと降り始めた雨が本降りに変わったころ、50代くらいの男性が入ってきた。北岳から下ってきたが予想以上に道が険しく、時間がかかってしまったという。

「あなた、何時に北岳を出たの？」

「えーと、8時ごろだったかな？　急げば夕飯に間に合うと思ったんだけど……」

「夕飯なんかどうでもいいの。今日は夕方から雷雨の予報だったでしょ。もっと早く小屋に着くように計画しないと危ないじゃない。雨に降られたら体力だって奪われるんだから」

客は「はあ」とか「ええ」とか曖昧な相槌を打ちつつ、濡れた雨具をはたいていた。

星さんが天気についてきめ細やかな対応をするようになったのには苦い過去があったと後になって知った。星さんは67歳。両俣小屋の管理人になって37年になる。小屋に入って2年目の夏、大きな台風が小屋を直撃した。

昭和57年、台風10号。数日間降り続いた豪雨は鉄砲水となり、両俣川沿いの山小屋

を襲った。当時宿泊していたのは大学ワンゲル部など40人。星さんらは1階部分が水没し、流される寸前の小屋から深夜の脱出を決行し、ひとりの命も失わなかった。当時まだ32歳。客から「両俣のおねえさん」と呼ばれる年ごろだった。

それから30年以上。毎夏やってくる台風にどれほど肝を冷やしてきたことだろう。半壊した小屋を女手ひとつで建て直すにも、想像を絶する苦労があったはずだ。

「ぜーんぜん平気。当時は台風を怖がって誰もこの小屋に入りたがらなかったから、じゃあ私ができるじゃん、ラッキーって思ってたのよ」。そうケラケラ笑っていた。

夜、星さんも一緒に夕食を囲んだ。東京で謳歌した女子大時代、初登山で歩いた表銀座で大感激したこと、出版社でバリバリ働いたこと、山小屋に入った理由。波瀾万丈の星さんの女道を肴に気持ちよく酔った。本当ならここで星さんの人生について紹介すべきだが、できれば小屋を訪れて聞いてほしい。それが両俣小屋を訪れる一番の楽しみだと思うから。

翌朝、星さんと朝食を食べていると、前夜遅れて到着した客が出発するところだった。「昨日、ちょっと叱ったらムッとしてたでしょ、あの人。でもね、あの後夕食を出したら、疲れすぎてて何も食べられなかったの。それで怒られた意味がわかったのね。『すみませんでした』って言って、今朝はニコニコだったから」

星さんにとって「あの小屋は口うるさい」と言われることなど大したことではない。ただ無事に帰ってくれさえすればいい。その一心で、あの台風の夜から今日までやってきたのだから。

「明日、劔は雨かもしれないから無理しちゃいけない」

出がけに星さんは改めてそう忠告してくれた。

「星さんは雨に関してはうるさいんだ。大雨の夜なんて、川の岩がちょっと動く音が聞こえただけでビビっちゃうんだから」。常連のおじさんが私たちに耳打ちする。

「とにかく、気をつけること！」

茶化しが聞こえたのだろうか、星さんはもう一度念押しして、私たちを送り出した。

「今日も午後から雷予報だから、寄り道しないように！」

小屋を出て歩く私たちの背中を、星さんの大きな声が追いかけてきた。

山小屋奇譚

雲ノ平山荘・北アルプス

北アルプスの奥の奥に天国のような場所がある。名を雲ノ平《くものだいら》という。その名を世に広めたのは、ある男が記した本だった。『黒部の山賊』は黒部川源流域が未開だった時代に山に入り、三俣蓮華《みつまたれんげ》小屋（今の三俣山荘）、水晶《すいしょう》小屋、雲ノ平山荘の建設に奮闘した男の記録。記されるのは山賊やカッパ、死者の気配を感じながら山に暮らした男の摩訶不思議な日々だ。

雲ノ平は北アルプスの心臓部と表現されることが多いが、地図から一目瞭然である。北アルプスは雲ノ平の南部に位置する三俣蓮華岳をYの字の中心にして、長野、富山、岐阜方面へと3つの山脈を展開する。雲ノ平へはどこを起点にしても途中1泊はかかる。ときに「日本最後の秘境」と表現されるのは、その距離の長さとも無関係ではない。

「もう秘境売りは、やめにしませんか」

雲ノ平山荘に電話をかけて取材の依頼をしたとき、主人の伊藤二朗さんは冗談まじりに言った。

「70年前の父の時代と違って、今は年配の方でも安全に登れますしね」とも。

『黒部の山賊』を記したのは雲ノ平山荘の初代主人・伊藤正一だ。昭和20年、正一は戦争で主を失った三俣蓮華小屋を買い取る。当時、三俣蓮華岳の北に広がる黒部渓谷一帯は人跡未踏の地。山賊が猟師から盗みを働いているという物騒な噂もあった。翌年、正一が偵察のために訪れた三俣蓮華小屋で出会ったのは、小屋主になりすました山賊……ではなくて、黒部源流域で狩猟を生業とする風変わりな猟師たちだった。山を知り尽くした彼らは、未開の地を開拓しようとする正一にとって、なくてはならない協力者となるのだった。


雨のせいか小屋は空いていた。ハンチング帽姿の二朗さんは都会的な印象の人だった。南向きに大きく窓が取られた食堂は明るく、小さくクラシック音楽がかかっている。「カフェみたいですね」と言うと、「まあ、そうですかね」と言いつつ、茶を注いでくれた。

雲ノ平山荘の建設は昭和38年だが、今の小屋は平成22年に新築したものだ。父が建

てた小屋を取り壊すとき、二朗さんには古い小屋に対する特別な思いがあったという。

「建材にはオオシラビソやトウヒなど、この地域の木々が使われていました。どれも高山の木らしい緻密な木目で、そこかしこに鋸《のこぎり》の跡が残っていました」

独特な扇形の屋根は人力で運べる木材で最大限の強度が出るよう合理的に組まれていた。

「職人はここで幕営しながら木を切り出し、100キロ以上の重荷も背負い上げたそうです。厳しい環境の中で人間も自然の一部となって、格闘しながら造ったのが初代の雲ノ平山荘。だからこそ人の息づかいや自然のもつ荒々しさ、美しさをたたえていたのでしょう」

小屋について語るとき、二朗さんは何度も「文化」という言葉を使った。小屋に刻まれた黒部の自然と人々の歴史。それらはこの土地の文化であり、それを残しながら新世代の山小屋を造りたかった。計画から3年、そこには昔と同じ扇形の屋根を持つ小屋があった。

「ここは自然を楽しむ場所だから、観光施設的な装飾は必要ないんです」

と二朗さん。その代わり、建材には自然の素材を使って、光が入る開放的な間取りにすることで、自然や人の顔がよく見えるように工夫したのだと言う。それは自然と人が調和することで生まれる美しさ。「カフェみたい」と言ったときの二朗さんの微妙な反応を思い出す。自然の中にしかない美しさを、見慣れた風景に置き換えて表現してしまうのは寂しいことだ。山に街の言葉を持ち込んでも、何の意味も持たないから。

それにしても、黎明期の雲ノ平には不思議な出来事が多い。『黒部の山賊』には人を化かす狸や沢を泳ぐカッパ、登山者を迷い道に導く謎の呼び声など、不思議な話がたびたび登場する。残念ながら雲ノ平に滞在した間にそれらの物の怪たちに出会うことはできなかったが、その存在を否定する気にはなぜかなれなかった。

丸2日雨が降り続いた晩、突然空が晴れ渡り、窓から月明かりが差した。寝床にいた人も外へ出て、空を見上げていた。「なんだか気味が悪いな」。初老の男性が身震いする仕草をする。カメラを持った男性がひとり、小屋前の木道を山に向かって歩いていた。ライトを点けていない。結局15分ほど経ってから「いいのが撮れました」と満足げに帰ってきた。なんだ、写真が撮りたかっただけか。いやもしかしたら山賊も聞いたという「オーイ」という謎の声に呼ばれたのかも。そんなことを思ったら、背中

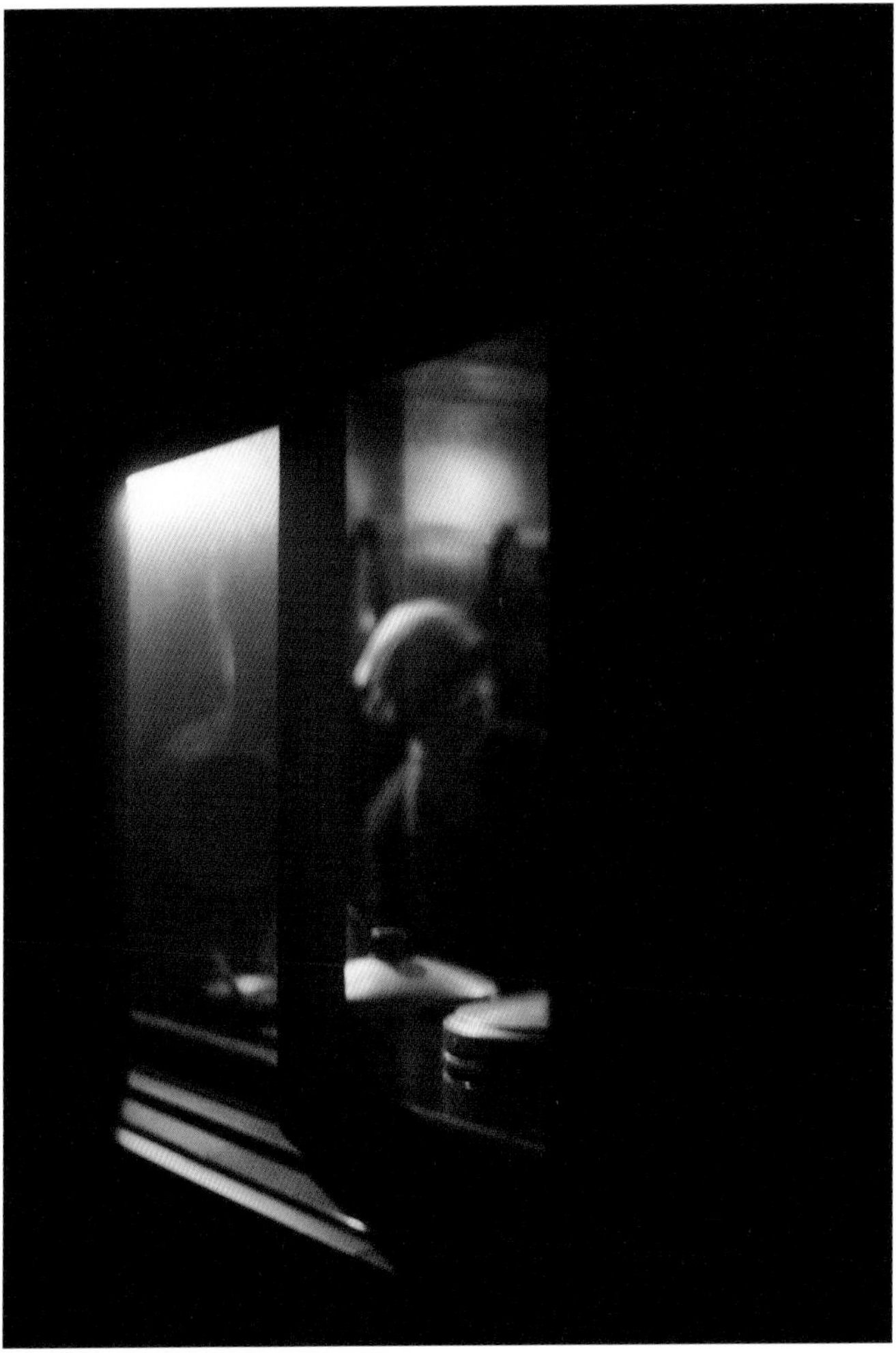

がすっと冷たくなった。

月明かりのせいで漆黒のはずの空が群青に変わる。山の影だけが黒々と浮き立ち、山を縫うように雲が流れていく。闇の中で何かがうごめいているような不思議な夜だった。


その夜、食堂で二朗さんによるスライドショーが開催された。山賊との出会いや山荘建設までの長い歴史。そこには登山者が足を踏み入れるずっと前、静けさと荒々しさ、美しさが同居した原始の雲ノ平の姿があった。

「雲ノ平に木道を造ったのが35年ほど前ですから、それ以前はここはまったくの原野だったわけです。僕だって憧れます、その風景には」。でも、と二朗さんは続ける。

「その時代にはもう戻れないけれども、山賊たちがただそこにある自然を純粋に受け止めたように、僕たちも未知との出会いに心打たれたり、自然に畏れを抱いたりはできるはずです。雲ノ平の原風景ともいえる写真を見て、そんな気持ちになってもらえたら」


下山する朝。雲が切れ、水晶岳、黒部五郎《くろべごろう》岳、薬師《やくし》岳が姿を現した。雲ノ平は山々に抱かれるようにしてある場所だった。

「急ぎすぎている人が多いのかもしれません」と二朗さんが独り言のように言う。今朝早く、雨の中を三俣蓮華岳へ向かった一団を思ってのことだろう。

「朝食をかきこんで次の山へ、もっと遠くの山へと走るように進んでいたら、見えるものも見えないでしょうから」

スポーツのように山を歩くのではなく、山と自然と「関わって」ほしい。その方法を知るための場所に自分の山小屋がなれたら。それが二朗さんの思う、理想の雲ノ平山荘の姿だ。

1時間ほどで雲ノ平は霧に包まれ、小屋を出たころには本降りになった。途中、雲から光が漏れ、ぬるい風がまとわりついた。すぐ前を歩く野川さんの姿がけむって消える。それは平原にひとり取り残されたような感覚。怖いというより、ぽかんとした時間だった。あるいは人は、こんな瞬間に得体のしれないものの存在を感じたのかもしれない。異なる世界が交差する一瞬。それはどんな山にも街にもあって、漂っている。その瞬間、何を感じるか。それは、その人の自然との関わり方次第だ。

木道のずっと先に、野川さんの赤いザックが見えた。「オーイ」という声が、風に乗ってこちらに届いた。

茶の味

船窪小屋・北アルプス

山岳雑誌を作っていたころ、「前泊《ぜんぱく》」という言葉に憧れていた。「前泊」というのは山に登る前夜、登山口に近い場所に宿をとって一夜を過ごすことだ。まだ近場の山の取材しか任されていなかった新人時代。金曜日になると先輩たちが大きなザックを背負って出社することがあった。金曜の夜に長野や富山に移動して、そこで「前泊」するという。まさに岳人という感じがして、むしょうに格好よく見えた。

9月下旬の長野・信濃大町。駅の改札を出ると、大きな赤いザックを背負った野川さんがすぐに目に入った。野川さんは東京から松本を経て、前日まで富山の山を取材していた私は逆ルートからの大糸線に乗って大町へ入り、駅で落ち合うことになっていた。信濃大町は前泊のメッカだ。剱《つるぎ》・立山《たてやま》登山の玄関口となる室堂へ。あるいは裏銀座への登山口がある七倉や高瀬ダムへ。北アルプス北部の山々へ向かう登山者はたいていここで前泊し、翌朝早く登山口へと出発する。昔から駅周辺には前泊する登山者たちを受け入れてきた旅館がいくつかあって、登山者の間では「岳人の宿」と呼ばれることもある。その特徴はいたってシンプルで、まず料金が安いこと。一泊素泊まりで5000円前後が相場。夜遅く着いて早朝に出発しても嫌な顔をされないこと。米俵のようなザック（しかもボロボロ）を背負っていても冷たい視線を向けられないこと。まあそんなところだ。

私たちの定宿は駅から5分ほど歩いた場所にある。ここは各部屋に北アルプスの山々の名がつけられているのがいい。今日は「爺《じい》ヶ岳」。地味な山だが、まあいい。たまにこれから登ろうとする山の名がついた部屋に案内されると、「これは幸先いいですね」となる。そんなちょっとした楽しみがあるということで、なんとなくいつもここに泊まってしまう。

近所の居酒屋でサラダと刺身、鶏の唐揚げ。ラーメン好きの野川さんのリクエストで味噌ラーメンを半分ずつ食べる。ビール2杯ずつ。明日登る予定の船窪《ふなくぼ》小屋までのルートを確認し、出発時刻を6時と決めた。宿に戻って風呂を浴び、布団に入る。暗闇の中でお互いスマホをいじっていたら、野川さんが「あ！」と大きな声を出した。

「明日の天気予報が雨に変わってる……」

この夏の天気は少しおかしい。前日まで快晴の予報が出ていても、当日になって雨になったり、その逆もあったりする。全国的に不安定な天候が続いて、山岳取材をする編集者はこの大どんでん返し天気予報に何度も泣かされているのだ。「まあ、登るしかないね」と言って、野川さんは先に寝てしまった。

6時間の行程のうち8割ほどが急登という七倉尾根。途中には鼻突八丁というのがあって、文字通り地面（もはや壁）に鼻をこすらせるようにして登る激登が続く。船窪小屋はそんなドM尾根を登り切った稜線上にある。

予報通り朝から霧雨が降っており、まだ半分も登っていないというのに、雨具はぐっしょりと濡れている。4割ほど登ったところから前を歩く野川さんの姿が見えなくなった。距離はどんどん開いていき、先ほどまでかすかに聞こえていた声も届かなくなった。

一度こうなってしまうと私はもうダメなのだ。体力以前に心が折れて、登る気力が失せてしまう。雨のせいもあるが、大きな理由は歩き始めてすぐにやらかした道迷いだった。

出だしは調子がよく、珍しく先頭に立って快調に歩き始めた。が、2割程度登ったところで道標を読み間違え、とんでもない笹藪の道へ入ってしまった。最初は楽観的で、だんだん細くなる藪を進んだ。が、徐々に谷側が切り立ってきて、山側に体重をかけないと滑り落ちてしまいそうな状況になった。怖くて前にも後ろにも進めない。

「百合子さんはここにいて。ちょっと先を見てくるから」

こういうとき、野川さんはそこらへんの男よりずっと勇ましい。ザックをおろして、空身で斜面を滑りおりていく。

「この先、道ない！　引き返そう」

なんてことはない、来た道を引き返してみたら、正しい登山道を指し示す道標がちゃんと立っていた。私が早とちりして、読み間違えただけだった。

おかげで計画より1時間近く遅れた。それでも十分余裕はあるはずなのだが、間違えたというショックと、もし事故でも起こしていたらという恐怖が気持ちの奥深くに沈殿し、どうにも力が出ない。結局、予定より2時間半も遅れて船窪小屋のドアを叩いたのだった。

途中、雨足が強まったせいか焦りによる冷や汗のせいか、下着までぐっしょりになっ

ていた。小屋の土間にへたり込んだ瞬間、盆に載った湯呑みが差し出された。

「靴履いたままでいいから、とりあえず温まって」

熱くて濃くて、おいしい番茶だった。

船窪小屋は80歳を過ぎたお父さんとお母さんが営む小屋だ。居間には囲炉裏があって、そこがお父さんの定位置らしい。客がいてもいなくても、火挟みを持って炭の番をしている。

夕食には古漬けやふき味噌、凍み大根など、お母さんが冬の間に仕込んだ常備菜が並んだ。ごはんは白米に白馬古代米を混ぜたもの。天ぷらの山菜はこの辺で採れたものだという。

「山登りでもなんでも、健康が一番だから。ただそれだけよ」

と言うお母さん。自分が不在のときでも小屋番たちが同じ味を出せるようにと手描きのレシピノートを作っている。覗かせてもらったら、色鉛筆やカラーペンを使った料理の絵や、時にはマンガなんかも挿入されていてとても可愛い。

「私、若いころは家庭科が好きでね。手先も器用だったの。松本の高校を出たら東京で洋裁の勉強をしようと思ってた。森英恵さんみたいになってパリに行くのが夢だったんだから」

船窪小屋を建てたばかりだった父親が亡くなったのは、お母さんが高校を卒業してすぐの冬だった。とにかく父の遺志を継がなくては。その一心で小屋に入る決心をした。

「最初はお客さん全然来なくて。毎日寂しくて寂しくてね。たまに登山者が来ると、よくぞ来てくれましたって大歓迎して。本当にうれしかったわねえ」

船窪小屋では夕食の後、囲炉裏を囲んで宿泊客と小屋のスタッフが自己紹介したり、山の話をしたりするお茶会が開催される。最後はいつもお父さんとお母さんの挨拶で締めくくられるのだけれど、昨晩も「こんなところまで泊まりに来てくれてありがとう」と繰り返し頭を下げていた。そうやってふたりは60年間毎年毎晩、感謝の言葉を述べてきたのだ。

後になって、小屋で使う水は30分以上離れた断崖から湧き出る水を汲み、人力で運んでいるものだと聞いた。実際に見に行ってみたら、足がすくむほどの崖。頼りない命綱が垂らしてあるだけで、足を滑らせたら谷へ真っ逆さまだ。ここで水を汲み、20

「お父さん」、「お母さん」こと松澤宗洋《むねひろ》さん、寿子《としこ》さん夫妻。

キロほどのペットボトルを背負って登り返すのは、どれほどの苦行だろうか。客が増える夏場は水汲みに行く余裕もなくなるため、いつも水の残量を気にして暮らしているという。

そんななか、客のひとりひとりに無料で熱い茶を振る舞うのは簡単なことではないだろう。きっとそれは、険しい尾根を登って来てくれた人々への、ふたりなりの感謝とねぎらいの気持ちなのだと思う。

小屋を訪れた次の年、この夏を最後にお父さんとお母さんが山を下りることになったという知らせが届いた。今後は小屋を人に任せ、自宅で静かに暮らすという。寂しい気持ちはあれど、それ以上に「ああ、間に合ってよかった」という気持ちが先に立った。ふたりが小屋にいる間に登れて、よかった。

それに、船窪小屋にはあの愉快なレシピノートがある。小屋を愛し、助っ人に来てくれる人だってたくさんいる。そして何より、60年間ふたりが迎えてきた登山者がいる。疲れ果てて倒れ込んだ土間で差し出された熱い茶。あの温かさを、安堵を、感謝を、私たちが忘れるということは、けっしてない。

自炊小屋の夜

駒の小屋・尾瀬

「うちは自炊だけなので、食事の準備をお忘れなく」。駒《こま》の小屋に予約の電話を入れたときにそう告げられてから、じつはずっと憂鬱だった。

山雑誌の世界では同行カメラマンの食事の世話は編集者の仕事だ。カメラマンは10キロ以上もある機材を背負って登るのだから、食材を持たせるなど言語道断。そう教えられた。

私は料理が苦手だ。台所を使うのは愛猫の好物であるササミを茹でるときくらいで、もっぱら外食。最近は女子の間で山ごはんが流行っているそうだが、なぜわざわざ山の上で面倒な調理をしたいのかわからない。それに毎日家族のために食事をこしらえている野川さんのほうが、ずっと料理上手なのだ。

モヤモヤしている間に山行前日になってしまった。季節は秋。10月中旬といっても会津の山の夜は冷えるだろう。これはもう鍋一択だということで、ネット上の鍋レシピをひとしきり検討し、もっとも体が温まりそうなチゲ鍋を夕食のメニューとすることにした。駒の小屋は会津駒ヶ岳《あいづこま》の山頂から20分ほど歩いたところにある。地図で確認した限りそこまで苦労しそうな道ではないし、奮発して分厚い豚バラ肉を前日からコチュジャンに漬け込み、さらにそれを冷凍して持参することにした（byクックパッド）。

当日は快晴。鍋用の大きなコッヘルを仕込んできたからいつもよりだいぶ荷物は重いが、持てないほどではない。

「今日は特製のチゲ鍋ですよ」

「私、そこまで荷物重くないから、ちょっと持つよ」

「いいえ、それには及びません」

山岳編集者には山岳編集者なりのプライドがあるのだ。

2時間ほど登ると水場を示す看板が出てきた。そういえば予約の電話を入れたとき、小屋にも飲料水はあるが有料なので、途中で汲んできたほうがいいですよと教えてもらっていた。今晩の夕食と明日の朝食用だから、とりあえず2リットルあれば大丈夫だろう。

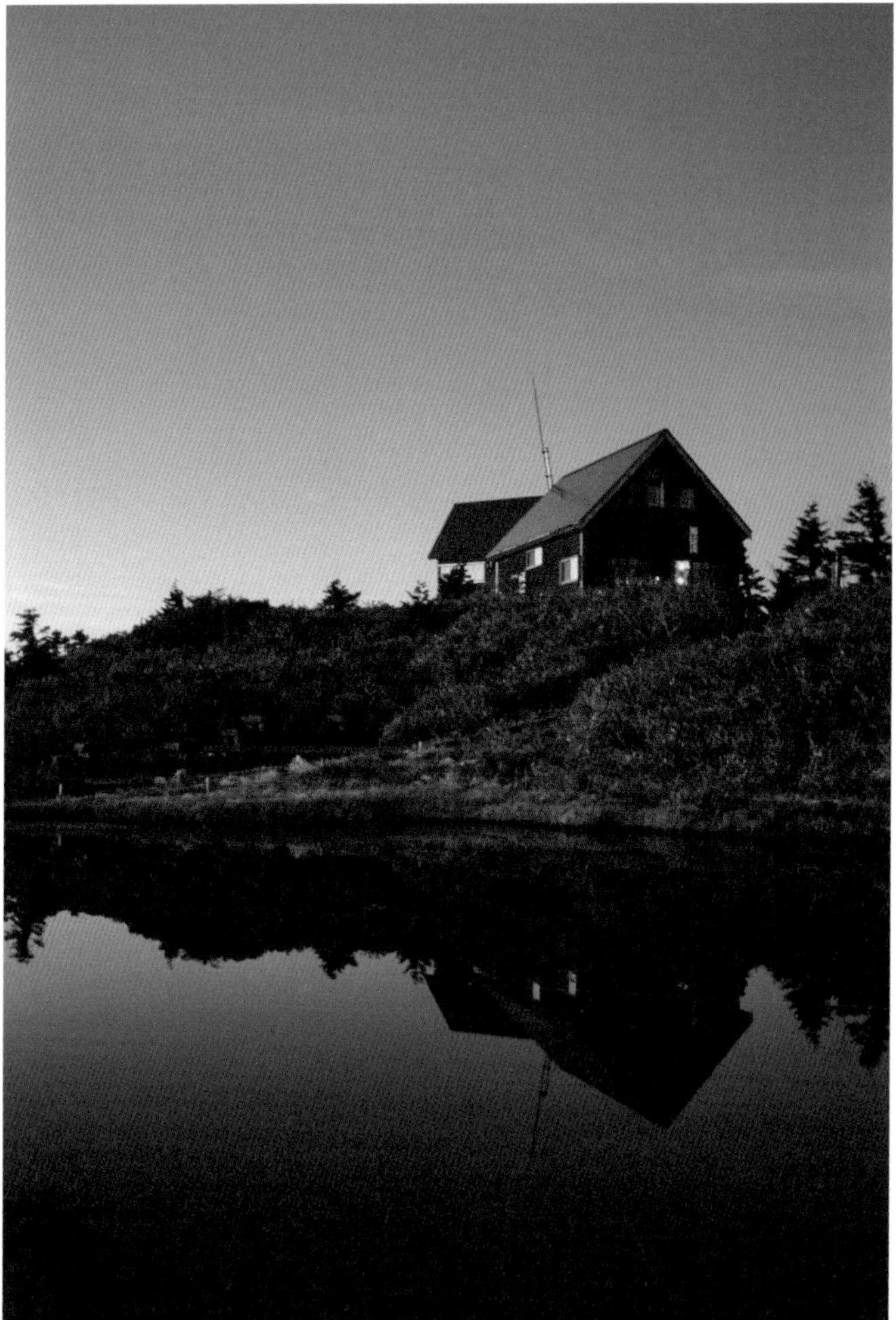

手持ちの水筒に水を汲んで、ザックの最上部にねじ込む。

「じゃあ水は私が持つよ。ここから登りがきつくなるから」

「いえいえ、もう入れちゃったんで大丈夫です」

ここでもスマートに辞退。私だってこの道10年近くになる中堅エディターなのだ。

「じゃ、行きましょう！」

よっこらしょと荷物を背負おうとした瞬間、野川さんにも聞こえるくらいはっきりと、ブチッ！という音がした。荷物の重さに耐えきれず、ザックの肩ベルトが断裂していた。

「百合子さんはもう中堅なんでしょ、10年選手なんでしょ、しっかりして」

想定外の事態をすぐには飲み込めず、その場でしゃがみこむ私の肩を野川さんが叩く。笑いを必死にこらえているつもりだろうけど、バレバレだ。

「だって漫画の擬音みたいな音がしたから……」

確かに、あんなに正しい「ブチッ！」はなかなかない。そんなことより、この先まだ1時間以上歩かなければならないのにどうするのだ。抱えて歩くのか、手で持って行くのか。

お山の天気
今日 10月
晴れ
日の入り17時
明日
10月22日
晴れ
日の出5時51分
10
自炊場はいつもきれいに清潔に。

「縫えばいいんじゃない？」

そう言ったときにはもう、野川さんはソーイングセットを取り出して断裂した部分の検証に入っていた。こういうとき、彼女はとても冷静だ。

以前、私が靴ひもを忘れて登山口にやってきたときは、ザックのバンジーコードを抜き取って即席の靴ひもを作ってくれた。さらに以前、私がテントポールを忘れてきたことに現地で気づき、あわや雪山で遭難かとなったときも、全員分のストックを細引きで縛り、緊急用のテントポールを立ててくれた。なんという適応能力の高さ。平成の世に生かしておくのはもったいない、原始人的能力に長けた女性なのだ。

そんな過去の珍事を思い出している間に、原人野川は肩ベルトを見事に補修し、ついでに断裂の引き金となった水筒も自分のザックにしまい、さっさと歩き出してしまった。今に始まったことではないが、毎度お騒がせ致します。

さて、無事たどり着いた駒の小屋は、なんともいえずメルヘンな佇まいであった。三角屋根の小さな小屋の前には愛らしい池があって、晴れた日には水面に小屋が映って綺麗なのだという。小屋は小高い丘の上にあって、少し歩くと燧《ひうち》ヶ岳が見えた。

POWER

自炊というから何となく寒々しい小屋を想像していたのだが、外観も内装もシックで清潔。部屋にはきちっと寝具が整えられている。1階には自炊室があり、日が傾くとめいめいが自炊道具を持って集まってくる。大きな食卓を囲む格好になるせいか、自然と話題を共有する雰囲気で、「お、そっちは鍋ですか」など、手元を覗き合うのも楽しい。日が完全に落ちるころ、小屋の主人がランプと大鍋を持って食事の輪に入り、宴会が始まった。

主人の三橋一弘《みはしかずひろ》さんは神奈川県育ち。20代で尾瀬、その後は北アルプスの小屋で小屋番を務めるなど、10年ほど山小屋生活を送ってきたそうだ。そして8年前、駒の小屋の先代主人が亡くなると後継の管理人として立候補。以来、冬の休業期間以外はこの小屋にいる。

酒が進んできたところで、なぜ小屋で食事を出さないのかと尋ねてみた。

「だって食事を作っていたら、こうしてみんなと食卓を囲めないからね」と三橋さん。

さてと、と腰を上げて、大鍋に作った湯豆腐を分けて配る。誰が持ってきたのかもうよくわからなくなっているけれど、ワインも日本酒もぐるぐると食卓を回っていく。

「常連さんはみんな、ここでごはんを作ってにぎやかに食べるのを楽しみに来てくれるんです。だから自炊室でゆっくり食事ができる範囲でしかお客さんは取らない。そうすると28人くらいが定員になっちゃう」

客を詰め込めばその分利益は上がるが、そこを追求していくといずれ本末転倒になる。小さくてもしっかりと目が行き届く小屋のほうが、客も自分も楽しいし、居心地がいい。それが長年小屋番を務めてきた三橋さんがたどり着いた理想の山小屋像だ。

「うちのスタイルはね、薄利薄売！」と笑う。そのおおらかさが人を呼び、新しい縁をつないできた。そういえば今日初めて一緒になった登山者たちも、鍋を共有するうちに打ち解け、いつの間にか下の名前で呼び合っている。人を結ぶこともまた、山小屋の大きな魅力なのだと、この人はよく知っているのだ。

ところで、例のチゲ鍋はというと、凍らせてきた豚バラも程よく解凍されて、なかなかの出来栄えだった。野川さんもおいしいおいしいと食べてくれて、少しは名誉挽回できたかしらと胸をなでおろした。

「おーい、酒がなくなっちゃったよう」

誰かの哀れな声で、そうだと思い出した。三橋さんが酒好きだという情報を入手して、とっておきの日本酒を持ってきていたのだった。ザックから720ミリリットル

瓶を取り出すと「おお、獺祭《だっさい》ですか！」と歓声が上がる。

「そんなもの持ってくるからザックが壊れるんだよ！」と野川さん。「ちょっと聞いてくださいよ」と、私（正確にはザック）の名誉の負傷を暴露してしまった。

「では小林さんがザックを壊してまで担ぎ上げてくれた酒、謹んでいただきましょう」

この夜、何度目かの乾杯の音頭がかかって、獺祭は瞬く間に空いた。


自炊の小屋というのも、なかなかいいものだ。

知らない者同士がおいしいものを持ち寄って分かち合う。そんな経験、なかなかできるものじゃない。来年、我がチームはどんな料理と酒を用意しようか。下山する途中からそんなことを相談していたから、どうやら私たちも自炊の楽しさに目覚めてしまったようだ。

「その前に百合子さんはもっと大きくて、頑丈なザックを買うべきだね」

と、野川さん。肩ベルト断裂事件もまた、来年の今ごろまで尾を引きそうな予感である。

峠を渡る鳥

雁坂小屋・奥秩父

　峠という場所に魅力を感じるようになったのは、いつからだろう。山と山、街と街、そして人をつなぐようにしてある峠。いつもそこには山小屋があって、さまざまな人が交差し、夜を過ごす。そんな時間が好きだった。

　なかでもいつか訪れたいと思っていた峠の小屋があった。雁坂峠《かりさか》にある雁坂小屋だ。奥秩父と奥多摩をつなぐ縦走路の途中。雁坂峠と雁峠《がん》、「雁」の文字がつく峠を結ぶ道。この峠がかつて渡り鳥たちの通り道だったという話を奥秩父のどこかの山小屋で耳にしたことがあった。もし本当だったとしたら、なんてロマンチックなことだろう、と。

　峠へと続く道はどこも例外なく険しい。紅葉が終わったばかりの西沢渓谷から大小いくつかの沢を渡り、ひたすら登っていく。前方に見えるのは果てしなく続く登り坂だけだけれど、振り向くと背後には大きな富士山が見える。疲れては振り返り、疲れてはまた振り返り、徐々に高度を稼いでいく。あるいは終わりなく続くつづら折りを

10、20と数えつつ歩く。単調な登りを克服するには、規則正しい歩行をするのが一番だ。

つづら折りを数えるのにも飽きたころ、峠を越す。先ほど登ってきた一本道が眼下に見えて、よくぞあんなところを登ってきたものだと我ながら感心してしまう。雁坂峠の名が記された道標があるところで一服。渡り鳥の姿は見えない。11月も半ばだから、雁たちはもうシベリアから日本に渡ってきてしまったのだろうか。

峠を越えて反対側の斜面へと下りる。雁坂小屋へ続く北斜面の道は日当たりが悪く、ところどころ薄い氷が張っている。途中、ウインドジャケットを出して羽織り、しばらく歩くと木々の間から立ち上る煙が見えてきた。風に乗って、にぎやかな人の声も聞こえる。

「身内みたいなのばっかりでやかましいけど、大丈夫かな？」

主人の山中五郎さんが申し訳なさそうに言う。今日は小屋閉め前の宴会らしく、常連さんたちが集ってひと足早い忘年会をするのだという。宴会だなんて、むしろラッキーだ。

この日の集まりは、登山愛好家たちがよく利用する投稿サイトのオフ会のようなもので、なかでもこのグループは雁坂小屋を愛する人たちが連絡を取り合い、あるいは小屋で直接顔を合わせ、自然発生的にできたサークルのようなものだった。食材係、デザート係、酒係、連絡係、車係、経理係など、しっかりと役割分担がされていて、ストーブの上ではすでに大小の鍋からおいしそうな湯気があがっている。

私たちもお土産の日本酒を差し出すと、瓶の首に「山と溪谷社」という立派な札をかけてくれ、「ヤマケイさんから一本いただきましたあ！」と大きな掛け声がかかった。「百合子さんの腕が鳴るね」と野川さんが耳打ちする。翻訳するとこれは、「今夜は私は先に寝ます」という意味。野川さんも酒は好きなほうだが、山では無茶をしない。10年ほど前、一緒に山小屋を巡り始めたころは一緒になって景気よく飲んでいたのだが、あるころから自制が働くようになった。

山小屋の主人というのはなぜだか異常に酒が強い。「ちょっと飲みませんか」と誘われて気軽に応じたら最後、一升瓶をどんと置いて、空になるまで動かない。結局こちらは、飲んだ翌日はこの世の終わりのような頭痛を抱えて下山することになる（同じ量を飲んだはずの小屋の主人たちはみな早朝から涼しい顔をして、客の朝食やら弁当やらを作っているから本当に不思議だ）。そんなことが何度か続くと、ふたり揃っ

て撃沈してはどうしようもないということで、「今日はヤバそうだぞ」と野川さんが判断したときは、最前線に私を残して先に寝るようになったのだった。

野川さんの読み通り、宴会は遅くまで続いた。五郎さんは隅のほうでちびちびやりつつ、その様子を見守っている。

「ずいぶんたくさん小屋のファンがいるんですね」

「本当にこんなに大勢、しかも若い人たちが来てくれるようになってうれしいんですよ」

と目を細める。つい数年前までは、こんなこと想像できなかったのだ、と。

雁坂小屋は五郎さんの祖父が始めた小屋で、五郎さんの代になって6年目になる。

「小屋を引き継いだとき、宿泊はおろか、ここを通過する人もまばらでね。小屋の時間が止まってしまっているかのようでした」

人が寄りつかない山小屋はどうしても活気がなくなっていく。そこで五郎さんは仲間と一緒に古くなった屋根を葺き替え、塗装をし直し、徹底的に小屋を改装した。清潔な佇まいが戻ると、ちらほらと登山者が寄ってくれるようになった。

「まず一番に始めたのは、お客さんに『ありがとう』と言うことでした。宿泊施設なので当たり前のことかもしれませんが……」

いつかどこかの山小屋の主人が、小屋にずっといると無意識のうちに「泊めてやっている」という気持ちが芽生えてしまうことがあると言っていた。それが客に伝わってしまったら山小屋は終わりだ、とも。

「感謝の気持ちって、思っていてもなかなか伝わりづらいですから、意識的に言葉にして伝えるようにしたんです。そうしたらだんだんお客さんが増えて。おかげでまた小屋の時間が動き始めました」

それ以降、どれくらいの量の酒を飲んだのか覚えていない。次の朝、またしてもこの世の終わりのような頭痛を抱えて起き出したのだが、驚くべきことに一緒に飲んでいたお兄さんたちは、小屋の前で涼しい顔でラジオ体操をしている（!!）。五郎さんはといえば、女性陣を小屋の前に集めて、周辺に見える山々の説明をしているところだった。

そういえばと、以前耳にした渡り鳥の話を聞いてみた。

「僕はここでは見たことがないですねえ。でも、もしかしたら昔はそんな風景があったかもしれませんね。ここは風がよく通るところだから」

と遠くの山を見ながら言っていた。

朝食後、飲んべえたちの会はお開きとなって、ある人は西沢渓谷へ、またある人は埼玉県側の川又へ、私たちは雁峠を越えて将監《しょうげん》小屋へ、散り散りに歩き出した。

時代が変わり登山者が変わり、見える風景すら変わってゆく。私たちが憧れた、渡り鳥が群れ飛ぶ峠の面影はもうないのかもしれない。

それでも、と思う。いつのときも峠には人が集まり散じ、にぎやかな時間が流れている。峠とは、歩く人がいてこそ魅力を持つものだ。人知れず山を渡る鳥たちの旅路。それを偶然見つけたのもまた、息を切らせてこの峠を登って来た人だったろう。そうやって峠の物語は続いていく。新しい人が通り過ぎて、そしてまた、山と人とを結んでいくのだ。

花見の山

城山茶屋・高尾

今年も花見に行けなかった。3月から4月にかけてはなぜかバタバタとして、あ、桜、と思うころには町場の花は散りかけている。だから私たちは毎年この時期、高尾《たかお》山へ登る。

ロープウェイ乗り場前の大きな桜はまだ少し花をつけていた。切符売り場の前で野川さんと編集者仲間のTさん、Kさんと合流する。毎年メンバーは微妙に変わるが、桜を見逃してしまったという人が集まるから、たいていは忙しく働いている同業者たちになる。乗り場前には制服姿のボーイスカウトや、若いカップル。ほかにも老若男女さまざまな人がいて、高尾山が都民の憩いの山であることがわかる。

山頂駅から薬王院を突っ切って展望台まで登り、脇道へ。ここから陣馬《じんば》山まで続く尾根が私たちのいつもの道だ。奥高尾と呼ばれるこのエリアには茶屋が点在し、宿泊こそできないけれど、そのあたたかなもてなしが単純なハイキングに山旅の旅情をあたえてくれる。

展望台を過ぎると、人は途端にまばらになる。さわさわと吹く風の音だけが聞こえて気持ちがいい。目当てにしていた山桜はまだ二部咲きくらいだが、足元にはさまざまな種類のスミレが花を咲かせていて可愛い。野の花が好きな野川さんは地面に這いつくばるようにしてそれらを写真に収めている。

城山茶屋《しろやまちゃや》は展望台から1時間ほど歩いた城山の山頂にある。いつ覗いてもご主人とちゃきちゃきしたお姉様がたが店番をしていて、おでん出汁のいい匂いがする。ビールや日本酒などちょっとした酒も置いてあるので、ここが我々の花見会場というわけだ。

おでんを買いに行ったTさんが店の人と話しこんでいる。こういうとき編集者というのはやっかいだ。気になる人やものを見つけると素通りできない。ちょっとすみませんと店の中にすべりこんで、気がつけば主人の生い立ちや店の成り立ちをするすると聞き出してしまうのだから（Tさんはよく冗談めかして、編集者は刑事みたいなものだと言っている）。

聞くとご主人の尾嶋典善《おじまのりよし》さんは三代目で、お姉様がたは実のお姉さんと妹さん。と

おでん

きにはお母様も加わって、家族で店を切り盛りしているという。

「創業は昭和6年。相模湖からの登山者でにぎわったそうですが、当時は立派な水筒なんて出回ってない時代でしょう。それで登山者向けに飲み物を出したのが始まりでした。もちろん車道などありませんでしたから、物資は全部担いで登っていたそうです」

店の人気メニューであるなめこ汁は典善さんのお父様が始めたもの。味噌ではなく出汁醤油を使った上品な味で、豆腐は高尾の湧き水で作られる地元のものを毎朝仕入れている。なめこの粘りが透明なおつゆに移って、あんかけのようなとろとろ感。そこに豆腐のぷるぷるまで加勢するのだから、これはもうおいしくならないわけがない。

「ここはまだ水道がないので、水はすべて麓から運んでいるんです。なめこ汁もおでんもコーヒーも全部、高尾の井戸水を使っているので、まろやかに仕上がるんだと思います」

仕込み開始は毎朝8時。多いときは日に300杯分のなめこ汁を準備し、おでん用の出汁作り、厚揚げの油抜き、大根の皮むきと下茹で（多いときは40本分！）と、典善さんの手が止まることはない。

高尾山
清酒
城山茶屋

「レトルトみたいなものは使わない主義ですか」。おでん刑事《デカ》のKさんが尋ねる。

「う〜ん、ああいうのは楽かもしれないけど、それだとやってて面白くないから。主義なんていう大それたものじゃないです」

病気がちだった父親を手伝うために20代前半で茶屋に入った典善さん。冬以外、天気がよければ毎日山の上にいる。

「おっかない父で、口より先に手が出るような人でした。でも登山者には人気があって、いつもテンガロンハットをかぶって楽しそうに働いてましたよ。当時の僕はお客さんに頭を下げることすらできなくて、よく父に叱られました」

それから20年あまり。先代を慕っていた常連さんたちは今も荷上げや薪割りを買って出、店を支えてくれているという。

「ここにいると馴染みの方も来てくれますし、学校登山の子どもたちでにぎわうこともあります。いろいろな人に会って話ができるのがいちばん楽しいかな」

店の横にある大きな桜の木は60年前に先代が植えたものだと聞いた。花はまだだが、よく見ると目一杯つぼみを膨らませている。

よかったらこれも手作りだから飲んでみて、とサービスしてくれた甘酒を飲みつつ、

Tさんと K さんは「こんな山の上で、ほんとすごいわ」と感心している。こちらからしたら、この短時間でそこまで聞き出したあなたたちもすごいわと思う。それにしても、何年通ったか知れない馴染みの茶屋にこんな物語があったなんて。あたり前かもしれないが、人とじっくり話してみないとわからないことはたくさんある。そう思えば、厚かましくてやかましい編集者という仕事も、そう悪くはないのかもしれない。

城山から隣の景信《かげのぶ》山まで歩き、そこから小仏《こぼとけ》のバス停へ下って駅に戻るころにはもう夕方になっていた。ゆっくり花見に来たつもりが山の上の桜にはまだ早く、結局花を愛でることはできなかった。来年は城山茶屋のお父さんが植えたというあの大きな桜を見ながら酒を飲もう。そう約束して、Tさんは車で、Kさんと私たちは電車で東京の街へ戻った。

山小屋の歌

嘉門次小屋・北アルプス

上高地が好きだ。夜行バスの車窓から見える朝の大正池。バスを降りたときに感じるひんやりした山の空気。河童橋から見上げる穂高《ほたか》の山々。どの風景にも愛着があって、ああ、今年も山の季節が始まったなと胸が躍る。

初めて登った北アルプスは涸沢だった。その後は槍ヶ岳、北穂高岳。蝶《ちょう》ヶ岳から常念《じょうねん》岳へ。燕《つばくろ》岳から表銀座を縦走して槍ヶ岳へ。懐かしい夏山の思い出の中にはいつも上高地の風景があって、それを思うたび、また新しい山が、登っておいでよと誘う。

嘉門次《かもんじ》小屋は上高地から1時間ほど。槍や穂高へ向かう登山道の途中、少し脇にそれた梓川沿いにある。生きた岩魚をしめて、囲炉裏でじっくり火を入れた塩焼きが名物で、私たちも休憩がてらよく立ち寄っていた。目指す山はまだ遠いから、さっと岩魚を食べて立ち去るのだけれど、あるころからこの小屋に泊まってみたいと思うようになった。

6月の週末。にぎわう上高地を急ぎ足で抜けると、2時前に嘉門次小屋に着いてしまった。「火の周りへどうぞ」と案内された囲炉裏では岩魚が香ばしく爆《は》ぜている。この昔ながらのスタイルは小屋の成り立ちと深く関係があって、それは小屋を創業した明治13年にさかのぼる。小屋を作った上條嘉門次《かみじょうかもんじ》は、ここで岩魚漁や獣猟を生業としていた猟師で、日本アルプスの父と呼ばれるウォルター・ウェストンの登山案内人としても知られる。囲炉裏で岩魚を串焼きにするのは、当時の嘉門次のスタイルに倣《なら》ってのことだ。

囲炉裏端では、まだ「男の子」といったほうがしっくりきそうな若い男性が岩魚の串を立てていた。囲炉裏を囲むように並べられた岩魚の串をじっと見つめ、火が均等に当たるよう微妙に串の角度を変えていく。それは繊細な工芸品を作る職人のような手つきで、客でにぎわう囲炉裏にあって、彼の周りだけ別の空気が流れているような緊張感があった。

「焼き場は何年やっても緊張します。とくに主が囲炉裏端にいるときは視線が怖くて。昔はもっと厳しかったと聞きますから」

額の汗を軍手でぬぐいつつ、でもけっして火からは目を離さない。

「主」とは四代目になる現主人の上條輝夫さんのことだ。初代の嘉門次の玄孫《やしゃご》にあたる。焼き場の男衆があまりに恐れているからどんな強面かと思ったら、丸顔で穏やかに笑う人。自分から大きな声で話をすることこそないが、囲炉裏端に座っていると次々と常連がやってきては、「主」、「主」、と声をかけていく。

「今日は常連ばかりだから、夜は一緒に骨酒でも飲みましょう」

そう、誘ってくれた。

食堂で早めの夕食をとると、客はみな囲炉裏端に戻り火を囲む。熱い酒に燻製した岩魚を浸した骨酒のどんぶりが回ってくる。ちょっと飲んでは隣の人へ。これが町場の居酒屋で、隣の見知らぬおじさんから酒が回ってきたとしたら死んでも飲まない。でも山小屋にいるとむしろそれが心地よいと思えてしまうから不思議だ。

「主、一曲頼むよ」と常連から声がかかると、輝夫さんがよく響く声で山の歌を披露する。

「昔は電気もなくて楽しみがなかったから、毎晩歌ったものです。いつだったか夜、梓川で歌っていたら、隣の旅館の主人が飛んできてひどく叱られました。眠れやしないって」

「主が歌うと小屋のガラス戸が震えるくらいだったんだから」と常連が笑う。

骨酒はえんえんと囲炉裏端を回り、杯とともに歌が重ねられた。

朝、誰もいない囲炉裏端を撮影しようと早起きすると、そこにはもう人がいて、前夜に出た灰を綺麗にすくってならし、新しい薪で火をおこしているところだった。

「灰が均等に敷かれていないと岩魚の串を刺したとき、角度が一定にならないんです。数ミリずれただけで火の入り方が変わりますから、朝の掃除がいちばん大切です」

とは、焼き場の新人さんと思しき男の子。作務衣も顔も灰だらけにして囲炉裏の隅々まで美しく整えるその姿を、輝夫さんは外から何も言わずに見ていた。

古きよき時代の空気をとどめる山小屋が残っていてほしい。嘉門次小屋に泊まりたいと思ったのには、そんな願いのような気持ちがあった。ここ数年、外国人観光客が増えた上高地では劇的に観光地化が進み、歴史あるホテルや山小屋の中にはその趣を現代風に変えるところも増えた。だからこそ、昼から骨酒片手に客が囲炉裏を囲む嘉門次小屋の様子を見るたび、「ああ、よかった。まだ間に合った」と救われたような気持ちになった。

「時代に合わせて変わっていくのは、悪いことじゃない」

昨夜、そんな話をしたからか、帰り際に輝夫さんがそう声をかけてくれた。

「うちは変わり方を知らないだけだから」

山や山小屋にずっと変わらずいてほしいと思うのは、都会から来た者の勝手な言い分だろうか。それでも、と思う。猛スピードで世界が変わっても、穂高の山はいつだって人の心を震わせる。そこには街とは別次元に流れる時間があって、時代とはまた違う季節のリズムを刻んでいる。山小屋の扉を開けて、私たちが「間に合った」と思うとき、山小屋もまたその山の一部となって、はるか昔から悠々と流れる山の時間を教えてくれる。わがままだとわかってはいても、やっぱり私はどうしても、そんな山小屋が一軒でも多く残りますようにと、願わずにはいられない。

日の出館・富士山

富士山

初めて富士山に登ったのは、山を始めて6年ほど経ったころだった。避けていたつもりはないけれど、周囲から「あの混みようはひどい」などという感想をたびたび聞いていたものだから、なかなか足が向かなかったのだと思う。

山岳雑誌の編集者というのはなかなかいいもので、とくだん興味のない山でも、仕事で登れと言われれば登る。いざ登ってみたらとてもいい山で、なぜもっと早く登らなかったのだろうとなることもある。富士山もまた、そんな〝食わず嫌い〟の山だった。

こともあろうに私の記念すべき初富士登山は、一合目から登るという酔狂な企画によるものだった。同行のモデルと撮影の野川さんは何度も富士山に登っていて、五合目から普通に登るのではつまらないと言う。ならば、かつて富士講の人々が歩いたであろう道を一合目から歩いてみよう。そんなわけで吉田ルートの「馬返し」という登山口から登ることになった（「馬返し」とは昔、登山者が乗ってきた馬をここで返したことが由来だそう。私たちもそれに倣《なら》って、富士山駅から現代版馬＝タクシーに乗り、そこで降ろしてもらった）。

一合目からの富士登山は思いがけず素晴らしかった。一合目の鳥居をくぐり、神聖な気持ちで山に入る。途中、かつて富士講の人々でにぎわったであろう茶屋の跡がいくつもあって、そこここに祠が祀られている。むせかえるほど深い、濃い緑の森を登って五合目に着くと風景は一変し、荒涼とした斜面が富士山頂に向かって続く。あるいはかつて、富士講の人々はこの瞬間に富士山に霊的なものを感じたのかもしれない。そう素直に思えるほど、深い森から五合目に出た瞬間の衝撃は大きかった。

もうひとつ、富士山の印象を大きく変えたのが山小屋だった。一合目から登った私たちは、体力のことも考えつつ、比較的標高の低い七合目の日《ひ》の出館《でかん》に宿をとった。東向きの斜面に小屋があるので、その名の通りご来光が綺麗に見えるという。それならばわざわざ夜間登山をせず、客が出払った山小屋の前でゆっくり日の出を見ようという私たちを、小屋の主人は「それはいいアイデアだ」と手厚くもてなしてくれた。それがうれしかった。

そのときと同じように、一合目の鳥居をくぐって登山道へ入る。五合目まではシャクナゲが綺麗に花をつけていて、野川さんは数分歩くごとに立ち止まってシャッターを切り、小屋に着くまでにフィルムを使い切ってしまうのではないかと心配するほどだった。

日の出館は江戸時代中期に建てられた小屋で、主人の中村修《おさむ》さんは七代目にあたる。古くから富士講の人々を支え、小屋のシンボルでもある囲炉裏には、文政9(1826)年に富士講の手土産として贈られた立派な茶釜がかかっている。その傍らが中村さんの定位置で、絶えず訪れる登山者たちの金剛杖を預かっては、囲炉裏で熱した焼き印をジュッと押す。

「富士講には講ごとに定宿があって、もし先達《せんだつ》(講を率いるリーダー)が代わっても馴染みの小屋がわかるように、茶釜や仏像なんかを小屋に寄贈したんです。それがあれば自分たちの小屋だってわかるからね。それくらい登山者と山小屋の関わりは深かった」

夜、山小屋は忙しくなる。ご来光を山頂で見る人は夕方から仮眠をとり、夜11時には小屋を出発する。同時に夕方五合目に着いて、そこから一気に山頂を目指す弾丸チームも押し寄せてくる。だから日の出館の明かりは24時間消えない。登山道に面した売店の窓からは必ず誰か小屋番がひとり顔を覗かせて、空気の薄さによる息苦しさや疲労からうつむきがちになる登山者たちに声をかけ続ける。

「何も買ってくれなくていいんですよ。ここで少し立ち止まって俺らと馬鹿話でもすれば気分も変わるし、息も整うでしょ。ここから上はもっとキツくなるんで」

朝5時、雲海から燃えるような朝日が昇った。撮影していると、宿直の小屋番が熱いコーヒーを差し入れてくれた。「上にいる人は今ごろ涙っすね」と目を細めている。

富士登山の魅力とはなんだろうかと考える。一合目から登ってくる途中、60代くらいの夫婦と一緒になった。山頂には登らず、五合目まで行って引き返すという。一合目から五合目までの風景が好きで、もう何度も繰り返し登っているのだと言っていた。かたや東京で仕事を終わらせて、夜から寝ずに山頂を目指す人もいる。そして私たちのように、山小屋で夜を過ごし、そこで朝を迎える人も。

「富士講の時代も、山頂に登らない人は結構いたらしいよ。それこそこの小屋まで来て引き返す人もいた。富士山っていうのは山そのものが神様だから、そこに足を踏み入れるだけでありがたいし、女性や子どもは遠くからその姿を拝むだけでもよかった

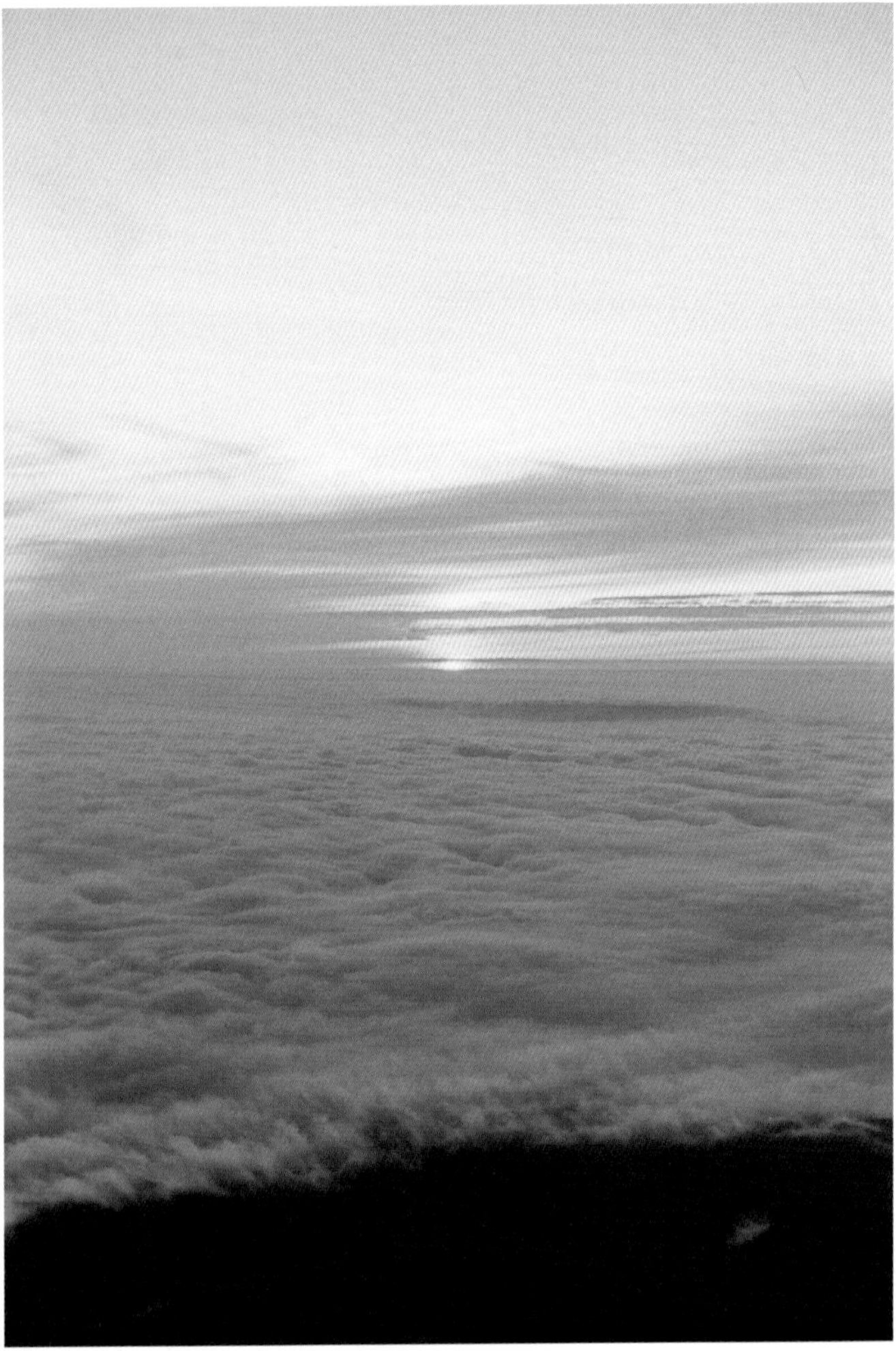

んだから」

中村さんの言葉を思い出す。だとしたら、こんなに寛容は山はない。

「今日は山頂、登って帰るんですか?」

いつまで経っても出発しようとしない私たちに小屋番たちが聞く。

「雨降りそうだから下りる!」と返すと、「七合目まで登山、渋いっすね〜」と笑っていた。

登る人も登らない人も、いろいろな人がいていい。好きな山をただ好きなように楽しめば、それでいい。ほかでもない富士山でそんな気持ちになるなんて、思いもしなかった。

かつて富士講の人々は、本当の富士は己の中にあると考えていたという。自分がこれでいいと思ったところが山頂であり、神にふれる場所なのだと。だとしたら私たちの神様がいるのは吉田ルートの七合目、東斜面に張り付くようにしてある小さな山小屋なのだった。

山と温泉

くろがね小屋・東北

一緒に山を歩く人に「温泉が嫌いだ」と言うと、心底落胆した顔をされる。申し訳ないと思いつつも、嫌いなものはしょうがない。こと登山後に立ち寄る温泉は苦手で、温泉好きたちは口を揃えて「山の後に入るから気持ちいいんじゃない！」と主張するが、どうにも面倒臭い。疲れているから早く家に帰りたいし、温泉に入ったら清潔な服が着たくなる。そのためには余計な着替えを一組持って歩かなければいけないし、どう考えても合理的じゃない。だから私は温泉には立ち寄りません。そう断固として宣言していた。

ところがである。あることをきっかけに私は無類の温泉好きになってしまった。ある夏、裏銀座を歩いたときのこと。ただでさえ険しい行程に加えて連日雨に降られ、下山するころには肉体的にも精神的にもギリギリの状態。濡れ鼠のようになって下山口に戻ったとき、友人が「今日ばかりは温泉に入ったほうがいい、体も冷え切ってい

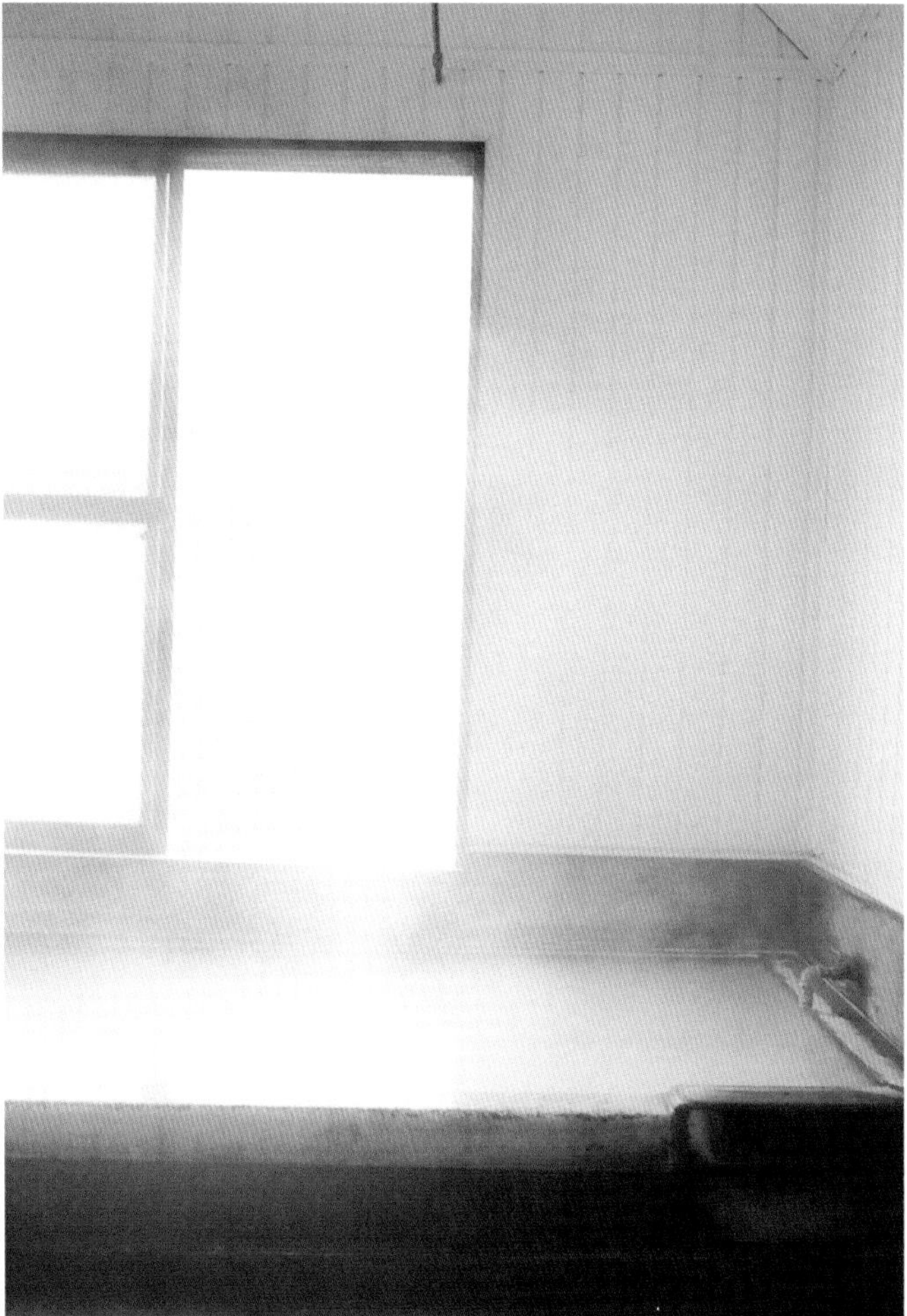

るし」と言って、問答無用に温泉に入れられた。こんな気持ちのいいものがこの世にあるのかと心底思った。

それ以来、無類の温泉ラバーと化した私は、山へ行く話が出ると、山よりもまず麓の温泉を探すようになった。ひとしきり名湯に浸かると今度は山の上にある温泉が気になって、はるばる北アルプス最奥にある高天原《たかまがはら》温泉にも浸かりに行った。「最高」以上を表す言葉を持たない自分がもどかしいほど、最高であった。

ある秋、かねてから訪れてみたかった安達太良《あだたら》山のくろがね小屋に登ることにした。くろがね小屋はこれまた名湯と名高い岳《だけ》温泉の源泉を楽しめる山小屋。麓の温泉宿でも源泉掛け流しを楽しめるだろうが、山の上で入ったらなお気持ちがいいだろう。これこそ登山者だけの特権だ。いつになくウキウキと福島の二本松へ向かった。

変な優越感にバチが当たったのか、当日は結構な雨で、安達太良山の中腹まで登れるロープウェイも運休。仕方ないので徒歩で小屋まで登ることにする。ふだんなら速攻で心が折れてしまうところだが、こと温泉登山となると話は別。濡れれば濡れるほど、冷えれば冷えるほど、そして疲れれば疲れるほど、その後の温泉の天国度は増すのだから。

くろがね小屋は紅葉で色づく山々に埋もれるようにしてある小屋だった。質素な佇まいだが窮屈さを感じないのは、2階まで続く吹き抜けと三方に取られた窓のおかげだ。

「この吹き抜けがなかったら2階にもっと部屋を作れたはずなんですけど、この開放感がいいでしょう?」とは、30年間小屋の管理人を務める佐藤敏夫《としお》さん。限られたスペースを有効活用する日本の山小屋とは一線を画する贅沢な造りは、設計者がヨーロッパの山小屋を泊まり歩いた末にたどり着いた理想の形なのだという。

「登山はそもそも学者さんとか、お金持ちがする遊びだったんです。だから山小屋も何より居心地がいい場所であるべきだという考え方だったんでしょう。今ではゆったり開放的な山小屋というのは珍しいかもしれませんね」

吹き抜けを囲むようにしてある小部屋は10人ずつほどの相部屋で、先にひと風呂浴びたグループがめいめいに談笑していて、1階の食堂では男性のパーティが酒盛りをしている。同室になった3人組のお姉様がたが「もうお風呂入った? 女風呂は私たちが出たばかりだから今は誰もいないと思うわよ。今のうち、今のうち」と教えてく

れた。

風呂場はたしかに空いていて、おかげで野川さんとふたり、脚を伸ばして入浴できる。乳白色のミルキーな湯。熱い熱いと騒ぎつつ腰を沈める。ハァと息が漏れる直前に、隣の男湯から「ハアアアア」と腹から絞り出したような声が聞こえてきて笑った。雨の中を登ってきたのはみな同じ。わかる、わかります、その気持ち！　男湯に向かって叫びたいところだったが、同じく「ハアアアア」という至福の吐息を漏らして、共感を示しておいた。

夕食はシンプルにカレー。東北の山らしく地酒が豊富で、飲んでは浸かり、飲んでは浸かりをひたすら繰り返す。明日は下るだけだから二日酔いなんて知ったことではない。ほかのグループも食堂や各自の部屋でそれぞれ宴会の続きをしている。「ちょっと、もう一回浸かってこようかな」なんて言いながら。

思えばなんて贅沢な山の時間の過ごし方だろう。雨を理由に山頂も踏まず、山小屋に直行して風呂を浴び、酒を飲んで、さらに風呂に入ってからだらだらと寝る。北アルプスの縦走中だったらもうとっくに布団に入って寝ている時間だ。つい数カ月前まで、夏山シーズンの間にここととあそこと、あ、あっちの山にも登らなきゃなどといって、走るように山を歩いていたのが嘘みたいだ。

こんな山もたまにはいい。そもそも山小屋を好きになったのだって、こうして時間に追われず、のんびりと山の時間を過ごせるからだった。


「明日はどこを回って下りるんですか」

地図を広げて下山ルートの相談をしていたお姉様がたが聞いてくる。

「結構飲んじゃったので、ロープウェイで直帰です」

「それもいいわねえ、私たちも楽しちゃおうかしら」

お互い新たな地酒とビールを注文し、今となっては思い出すことすらできない、とりとめのない話をするのだった。

山小屋の灯

しらびそ小屋・八ヶ岳

冬、各地の山から本格的な雪の知らせが届くとほっとする。ピッケルを携えてガシガシと雪山を登るようなことをしない私たちにとって、冬はのんびりした季節。登るといっても森林限界を越えないような穏やかな山ばかりだから、夏山シーズンのように初めて登る岩稜ルートのことを思って、ドキドキと眠れぬ夜を過ごすこともない。

この時期、私たちはどちらからともなく「しらびそ小屋に行こうか」となる。北ヤツはもうたっぷり雪が積もっているだろう。歩くルートも時間も決めず、ただ静かな森を歩き、山小屋で何をするともなく過ごす。そんなことができるのは、しらびそ小屋だけだ。

もう何十回と歩いている道だというのに、野川さんはいつもと同じ場所で立ち止まり、「綺麗だねえ」と言って、同じような風景にカメラを向ける。休憩するのも、わっと歓声を上げるのも同じ場所。さすがにふたりで「何回目だ、これ」と突っ込み合ってしまう。

初めてしらびそ小屋を訪れたのは8年ほど前だろうか。先に野川さんが入り浸るようになっていて、私が初めて見た野川さんの山の写真も、北ヤツとしらびそ小屋を撮影した作品だったと思う。愛らしい池のほとりにある小さな小屋。煙突から上る細い煙が、ひっそりした森の中に人間の営みがあることを知らせているようで、山小屋というのは山の中にあるからこそ魅力的なんだなと、その写真を見て思ったことをよく覚えている。

しらびそ小屋はご家族三人で切り盛りする山小屋で、登山者が肩寄せ合って薪ストーブを囲む形になるせいか、初めて泊まりにきた人でも寄る辺のなさを感じることはない。そしてほとんどの人が、その後何度も足を運ぶことになる。

現在の主人は三代目の今井孝明《たかあき》さんだけれど、先代のお父さんもお母さんも健在で、運がよければ三人揃って小屋に入っていることもある。扉を開けて入るなり、

「あら、ちょっと痩せたんじゃない、お仕事忙しいの？」

とお母さんがお茶を出してくれる。少し前に会った実家の母と同じセリフ。思えば

半年やそこら無沙汰をしていても、「久しぶり」という言葉が出てこないのは、生まれ育った家とこの小屋くらいだ。

みどり池を見渡す食堂に座って、窓辺に遊びにくるリスやホシガラスを見る。薪ストーブを挟んで反対側にある台所から、お母さんが男衆に夕食準備の指示を出す声が聞こえる。相変わらずテキパキしていて気持ちがいい。キャベツを刻む音、アジフライが揚がる匂い、猫背気味に立って盛り付けをするお父さんの後ろ姿。いつもと変わらない風景。この小屋で見聞きする、そういう一切が私たちは好きだった。

それでもなんとなくお母さんの背が縮んでいたり、お父さんの口数が減っていたりすることに気づくと途端に胸の奥がざわつく。変わらないで、ずっとこのままここにいて、と子どもじみたことを思ってしまう。

朝、みどり池の向こうにそびえる天狗《てんぐ》岳がみごとに赤く染まった。昔はよく一緒にその風景を見ていたお父さんはまだ自室で眠っていて、起きてはこない。代わりに孝明さんが外に出て、「この冬、こんなに綺麗に染まったのは久々だなあ」と言う。出会ったころに比べると、顔も話し方も格段にお父さんに似てきた。

朝食どき、お父さんが起きてきてコーヒーを淹れてくれる。そういえばこの小屋に来始めたころ、朝はいつもお父さんがパンを焼いてくれた。分厚く切った食パンを薪ストーブに並べてこんがりと焼き色をつけ、一枚ずつ丁寧にマーガリンを塗り、こけもものジャムを添えて。それはお父さんの気まぐれな朝食だったけれど、いつしか口コミで評判になってしまい、「そんなにたくさんは焼けないよ」と、めったにお目にかかれなくなった。それでもこんな冬の、お客さんが誰もいない日には、ごくたまにパンを焼いてくれることもある。そういう朝は懐かしくて、とてもうれしい。

当たり前のことだけれど、山にも街にも平等に時間は流れている。いつもと同じに見える山だって、それを取り巻く環境は刻々と変わっているし、登山者や山小屋の様子だってここ数年でずいぶん変わった。喜ばしい変化も悲しい変化もさまざまあるけれど、どれも仕方のないことだと思う。私たちがまったく変わらずにはいられないように、山の変化だって誰も止めることはできないから。

でも、だからこそ私たちは何度でも同じ道を登り下りし、山で暮らす人に会いに行き、その山小屋で同じような時間を過ごす。もし変わってしまうとしても、今しか見られない風景、交わせない言葉、匂いも寒さも眩しさも全部、憶えていたいと願う。
「人生に山があってよかった」と言う人がいる。だとしたら私たちは「人生に山小屋

があって、本当によかった」と言おう。流れていく時間の中に、いくつもの忘れがたい瞬間があること。そしてその積み重ねはいつか、自分を励まし、支えてくれるものにきっとなる。それを教えてくれたのが、山小屋とそこに暮らす人々だったと思うから。

山を下りる日、お父さんが「それで、次の正月はいつくるんだ」と言う。毎年元旦には小屋で餅つきをするのがお約束になっていたが、ここ数年は足が遠のいている。来年は絶対来るよと約束をして、いつもの道をゆっくりと、雪を踏みしめて下った。

☆

山小屋案内

○本書掲載の山小屋宿泊料金および各種交通機関の乗車料金は消費税10%を含む税込み価格です。○本書掲載の山小屋営業期間、交通ダイヤなどのデータ、料金等は2020年12月時点のもので、本書刊行後に変更が生じる場合もあります。ご了承ください。

十文字小屋・奥秩父

1泊2日 ｜ 一般向き

十文字峠からすぐの場所にある静かな山小屋。道中に展望はなく、沢沿いの道を地道に登っていくことになるが、奥秩父らしいしっとりとした森歩きが心地いい。寝床は山小屋には珍しい二段ベッド。いつも野川さんが上で、酔っ払いの私は落っこちないよう下。

●営業期間＝4月末～11月下旬、12月28日～1月2日
●収容人数＝80人
●料金＝素泊まり5500円／1泊2食つき8500円
●電話＝090・1031・5352
●テント＝1人1000円

交通

JR小海線信濃川上駅 →〔川上村営バス25分、550円〕→ 梓山
※タクシーとマイカーは毛木平まで乗り入れ可能。タクシー料金は7000円程度。
川上観光タクシー ☎0267・97・2231

◎**小屋までの歩き方**

行き＝3時間15分　帰り＝2時間40分

梓山〔1時間15分 ⇄ 1時間10分〕毛木平〔2時間 ⇄ 1時間30分〕十文字小屋

登山に関する問い合わせ：川上村役場 ☎ 0267・97・2121

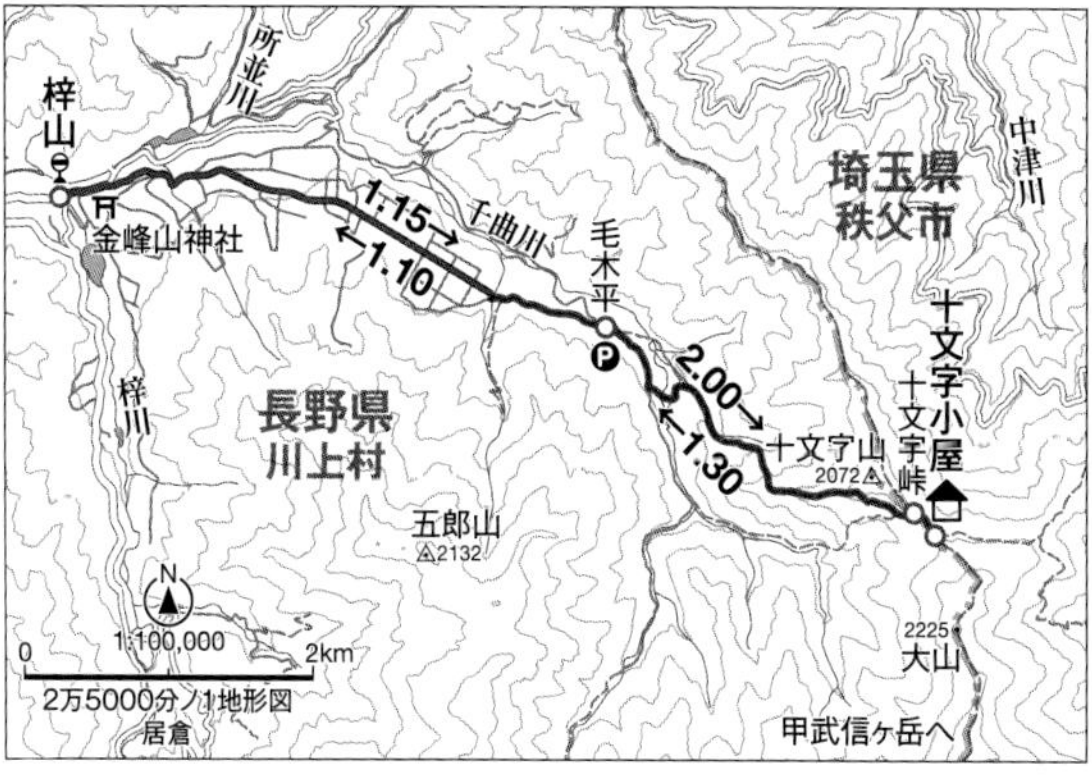

山の鼻小屋・尾瀬

1泊2日 ｜ 一般向き

鳩待峠から尾瀬に入ると、最初に出てくる山小屋のひとつ。部屋はすべて個室で、ゆっくりとした滞在を楽しめるのが魅力。尾瀬ヶ原や植物研究見本園まですぐなので、朝夕、いちばん美しい尾瀬の風景を見られるのもいい。写真を撮影する人にもおすすめ。

●営業期間＝4月下旬～10月下旬
●収容人数＝100人
●料金＝1泊2食つき9900円～
●電話＝0278・58・7411
●テント＝なし

交通

JR上越新幹線上毛高原駅 →〔関越交通バス1時間45分、2500円〕→ 戸倉／鳩待峠バス連絡所 →〔乗合バス35分、1000円〕→ 鳩待峠
※戸倉～鳩待峠間は時期によりマイカー規制あり。マイカー利用の場合は戸倉に駐車後、乗合バスで鳩待峠へ。乗合バスの運行期間は4月下旬～11月上旬。
関越交通 ☎ 0278・58・3311
関越交通タクシー ☎ 0278・72・3131

◎小屋までの歩き方

行き＝1時間　帰り＝1時間20分

鳩待峠〔1時間 ⇄ 1時間20分〕山の鼻小屋

◎小屋からハイキング

〈尾瀬ヶ原をのんびりハイキング〉尾瀬ヶ原の中心部にある龍宮小屋まで歩けば燧ヶ岳がきれいに望めます。途中、湿原の中から伏流水が湧き出る竜宮現象を見られる場所があるので、そこを示す看板を見落とさないで。

行き＝1時間45分　帰り＝1時間45分

山の鼻小屋〔45分 ⇄ 45分〕牛首分岐〔30分 ⇄ 30分〕龍宮小屋〔30分 ⇄ 30分〕見晴

登山に関する問い合わせ：檜枝岐村役場 ☎ 0241・75・2500

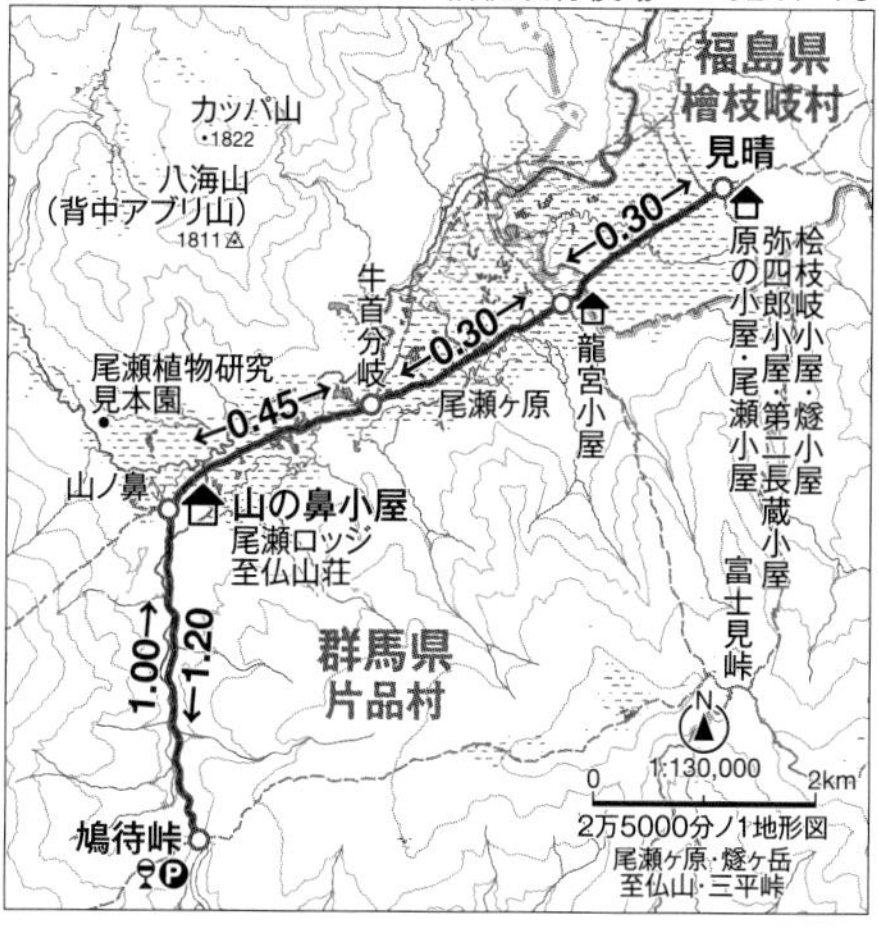

丸川荘・大菩薩嶺

1泊2日 ｜ 一般向き

大菩薩嶺の北西に位置する山小屋には日帰りでも行けるけれど、ぜひ一泊してランプの山小屋の静けさを味わって。コーヒー好きの主人が淹れるこだわりの一杯も楽しみ。秋冬は冷え込むものの、空気が澄んだ季節は小屋前から見える富士山が格別に美しい。

●営業期間＝通年
●収容人数＝18人
●料金＝素泊まり4500円／1泊2食つき7500円
●電話＝090・3243・8240
●テント＝なし

交通

行き＝JR中央本線甲斐大和駅 →〔栄和交通バス41分、1020円〕→ 上日川峠《かみにっかわ》

※路線バスの運行は4月中旬～12月上旬。タクシー料金は7000円程度。

帰り＝大菩薩峠登山口 →〔山梨交通バス27分、300円〕→ JR中央本線塩山駅

栄和交通タクシー ☎ 0120・08・6336

山梨交通 ☎ 0553・33・3141

◎小屋までの歩き方

行き＝2時間35分　帰り＝2時間30分

上日川峠〔25分⇄20分〕福ちゃん荘〔1時間⇄40分〕雷石〔10分⇄10分〕大菩薩嶺〔1時間⇄1時間20分〕丸川荘

登山に関する問い合わせ：甲州市役所 ☎0553・32・2111

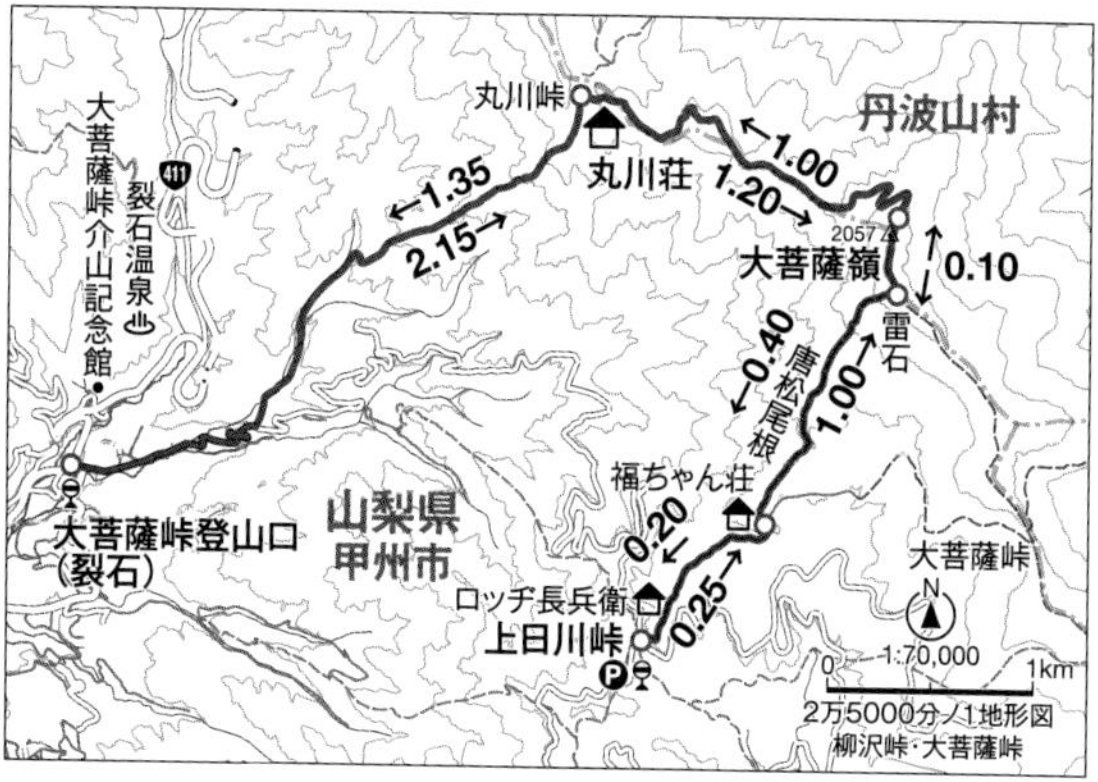

マナスル山荘本館・南アルプス前衛

1泊2日 ｜ 初心者向き

ゴンドラでアクセスでき、登山初心者でも安心して泊まりに行ける小屋。春から秋にかけては入笠湿原の花々が楽しめ、冬はスノーシューを借りて新雪の上でハイキングもできます。地元のワインやお酒が豊富に揃っていて、飲んべえにはたまりません。

●営業期間＝通年
●収容人数＝50人
●料金＝平日／週末料金制（※HPで要確認）
●電話＝0266・62・2083、090・7632・5292
●テント＝なし

交通

JR中央本線富士見駅→〔シャトルバス10分、無料〕→富士見パノラマリゾート 山麓駅
※2019年から富士見パノラマリゾート営業期間は毎日運行されている。
タクシー料金は1500円程度。
アルピコタクシー ☎0266・62・2381

◎**小屋までの歩き方**

行き＝25分　帰り＝25分

ゴンドラ山頂駅〔25分 ⇄ 25分〕マナスル山荘本館

◎**小屋からハイキング**

〈入笠山から360度の大展望を〉入笠山の山頂までは小屋から20分程度。山頂からは日本アルプス、八ヶ岳、富士山と360度の大パノラマが望めます。おだやかな道なので親子ハイキングにも。

行き＝20分　帰り＝15分

マナスル山荘本館〔20分 ⇄ 15分〕入笠山

登山に関する問い合わせ：伊那市役所 ☎ 0265・78・4111

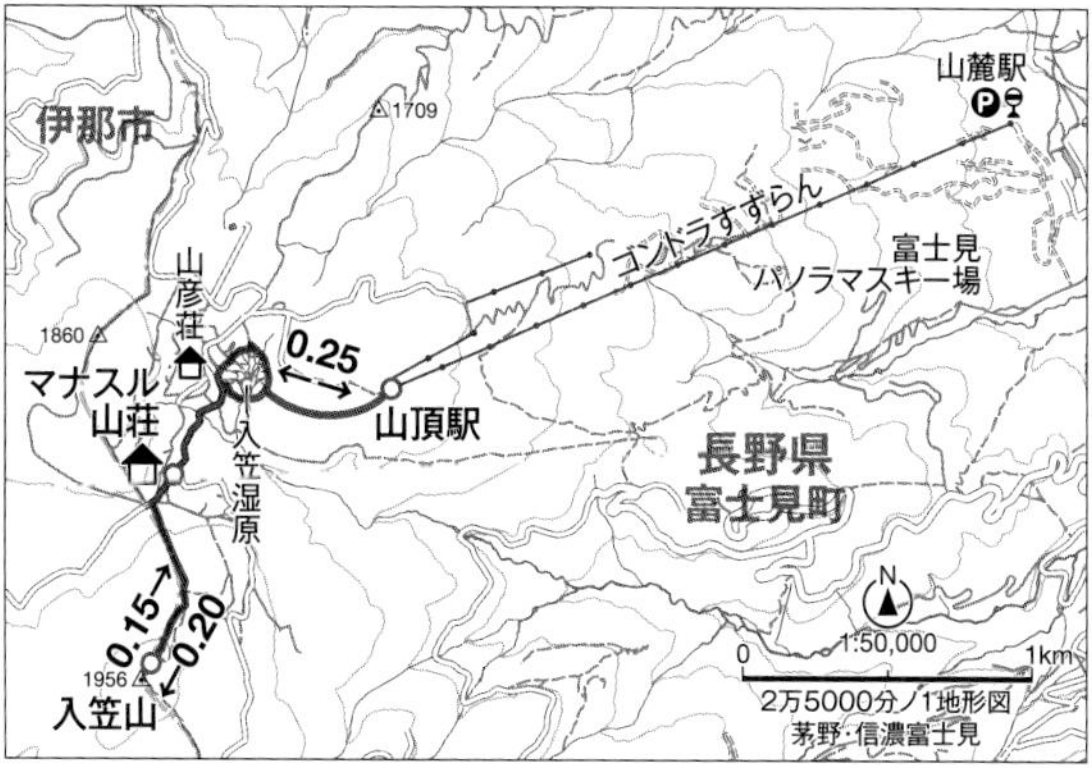

ころぼっくるひゅって・霧ヶ峰

1泊2日 ｜ 初心者向き

バス停からも駐車場からも徒歩1分という、歩かずとも行ける山小屋（夢のよう！）。ペンションが多い霧ヶ峰にあって、古きよき山小屋の雰囲気を感じられます。主人手作りの食事も素朴でおいしい。時間や体力に合わせて湿原ハイキングができるのもいい。

●営業期間＝通年
●収容人数＝15人
●料金＝素泊まり6500円／1泊2食つき9000円
●電話＝0266・58・0573
●テント＝なし

交通
JR中央本線茅野駅→〔アルピコ交通バス1時間、1600円〕→車山肩
※路線バスは11月下旬～4月上旬は区間運休のため車山肩に停車しないので注意を。冬季は車山高原バス停からスカイパノラマに乗車し、車山山頂経由で小屋へ。山頂からは徒歩30分程度。
アルピコタクシー☎0266・71・1181

◎小屋までの歩き方

行き＝1分　帰り＝1分　車山肩〔1分 ⇄ 1分〕ころぼっくるひゅって

◎小屋からハイキング

〈車山湿原を見渡す蝶々深山に登頂〉たおやかな山容の蝶々深山への道のりで、なだらかな草原を登っていくような感じが心地いい。山頂から見下ろす車山湿原もとてもきれいです。時間があればさらに歩いて、八島ヶ原湿原まで足を延ばしてもいいでしょう。

行き＝55分　帰り＝1時間25分

ころぼっくるひゅって〔30分 ⇄ 30分〕分岐〔25分 ⇄ 25分〕蝶々深山〔10分 ⇄ 10分〕沢渡分岐〔45分 ⇄ 35分〕沢渡〔30分 ⇄ 20分〕ころぼっくるひゅって

登山に関する問い合わせ：諏訪市役所 ☎ 0266・52・4141

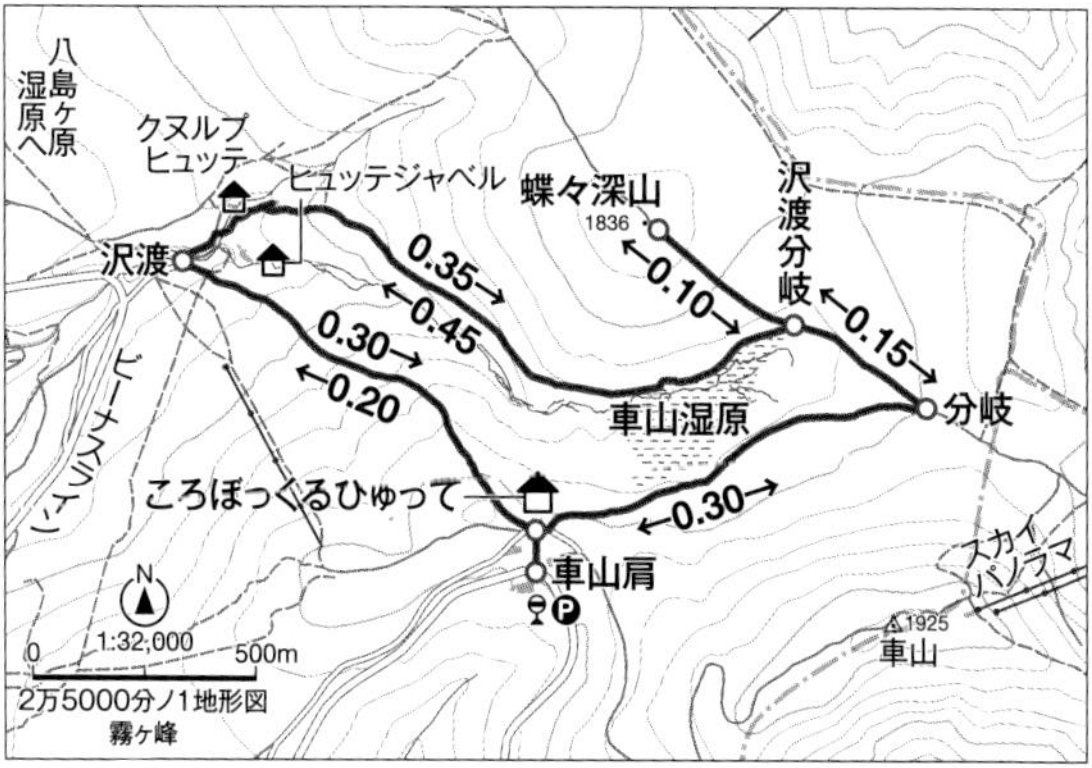

蓼科山荘・八ヶ岳

1泊2日 ｜ 一般向き

蓼科山には山頂に蓼科山頂ヒュッテという山小屋がありますが、こちらは中腹に位置する山小屋。森に囲まれた環境で、朝は鳥たちのさえずりが美しい。八ヶ岳界隈では珍しく生ビールのサーバーがあって素晴らしい！ 道中の天狗の露地はイワカガミの宝庫。

●営業期間＝4月下旬～11月上旬
●収容人数＝46人
●料金＝素泊まり4000円／1泊2食つき8500円
●電話＝0266・76・5620
●テント＝なし

交通

JR中央本線茅野駅 →〔タクシー1時間10分、1万2000円程度〕→ 七合目登山口

アルピコタクシー ☎0266・71・1181

◎小屋までの歩き方

行き＝1時間10分　帰り＝50分

七合目登山口〔20分 ⇄ 15分〕馬返し〔50分 ⇄ 35分〕蓼科山荘

◎小屋からハイキング

〈山頂に登り蓼科神社に参拝〉せっかくなので蓼科山の山頂へ。登りは30分程度ですが、大きな岩を乗り越えていくようなやや険しい道のり。山頂にある蓼科神社の鳥居と祠は一見の価値ありなので、ぜひ参拝を。

行き＝30分　帰り＝20分

蓼科山荘〔30分 ⇄ 20分〕蓼科山

登山に関する問い合わせ：茅野市役所 ☎ 0266・72・2101

両俣小屋・南アルプス

1泊2日 ｜ 一般向き

正直、小屋までの道中に一切の楽しみはないのだけれど、主人に会いたい一心で通ってしまう不思議な魅力のある小屋。小屋の前の両俣川は岩魚の宝庫だそうで、釣り好きの方は竿をお忘れなく。北岳経由のコースは行程が長く、危険箇所もありベテラン向き。

●営業期間＝6月上旬〜10月末
●収容人数＝30人
●料金＝素泊まり5200円／1泊2食つき9000円
●電話＝090・4529・4947（北岳山荘経由で伝言）
●テント＝1人600円

交通

JR中央本線甲府駅 →〔山梨交通バス2時間、1950円〕→ 広河原〔南アルプス市営バス15分、800円〕→ 野呂川出合
※路線バスは6月下旬〜11月上旬の運行。広河原へはマイカー規制のため車は芦安市営駐車場に停め、山梨交通バスで広河原へ（1時間、1030円）。
合同タクシー ☎ 055・255・5151
山梨交通YKタクシー ☎ 055・237・2121

◎小屋までの歩き方

行き＝2時間20分　帰り＝2時間10分

野呂川出合〔2時間20分 ⇄ 2時間10分〕両俣小屋

登山に関する問い合わせ：南アルプス市役所 ☎ 055・282・6294

雲ノ平山荘・北アルプス

2泊3日 ｜ 健脚向き

北アルプスの最奥地にある雲ノ平は登山者たちの永遠の憧れ。水晶岳、黒部五郎岳、薬師岳と雄大な山々に抱かれるようにしてある雲ノ平山荘は、何泊でもしたくなる天国的空間です。とくに朝夕の景色は格別。先を急がず、ぜひゆっくりと過ごしてください。

●営業期間＝7月上旬〜10月上旬
●収容人数＝70人
●料金＝素泊まり7500円／1泊2食つき1万2000円
●電話＝046・876・6001
●テント＝1人1500円

交通

富山地方鉄道有峰口駅 →〔富山地鉄バス1時間、2500円〕→ 折立
※時期によっては富山駅から折立までの直通バス（富山地鉄バス）が運行される。
富山地鉄タクシー ☎ 076・421・4200

◎小屋までの歩き方

行き＝10時間35分　帰り＝8時間30分

折立〔5時間 ⇄ 3時間10分〕太郎平小屋〔2時間15分 ⇄ 2時間45分〕薬師沢小屋〔3時間20分 ⇄ 2時間35分〕雲ノ平山荘

◎小屋からハイキング

〈北アルプス最奥の温泉へ！〉雲ノ平山荘から急坂を下ること3時間弱。高天原温泉は山中にひっそりとある野湯で、秘湯好きにはたまらない風情。登り返すのが地獄なので、体力に自信のない方は高天原山荘に宿泊するという手もあります。

行き＝2時間50分　帰り＝4時間

雲ノ平山荘〔2時間30分 ⇄ 3時間30分〕高天原山荘〔20分 ⇄ 30分〕高天原温泉

登山に関する問い合わせ：立山町役場 ☎ 076・463・1121

船窪小屋・北アルプス

1泊2日 ｜ 健脚向き

歩き始めから小屋まで、とにかく登って登って登りまくらないとたどり着けないので、初心者はぜひ経験者同伴で。夕食は地元のお米や野菜をふんだんに使った家庭料理で、これが楽しみのひとつ。登山者たちと囲炉裏を囲みながら過ごす時間もとてもいい。

●営業期間＝7月上旬〜10月上旬
●収容人数＝60人
●料金＝素泊まり7300円／1泊2食つき9500円
●電話＝080・7893・7518
●テント＝1人500円

交通

JR大糸線信濃大町駅 →〔タクシー30分、7300円程度〕→ 七倉山荘
※七倉のゲートは例年4月下旬〜10月下旬のみ開放される。通常は6時30分〜19時、10月中旬以降は8時〜17時。七倉に駐車場あり。
アルプス第一交通 ☎ 0261・22・2121
アルピコタクシー大町支社 ☎ 0261・23・2323

◎小屋までの歩き方

行き＝6時間　帰り＝4時間

七倉山荘〔2時間 ⇄ 1時間10分〕1537m地点〔3時間20分 ⇄ 2時間20分〕2300m地点〔40分 ⇄ 30分〕船窪小屋

登山に関する問い合わせ：大町市役所 ☎ 0261・22・0420

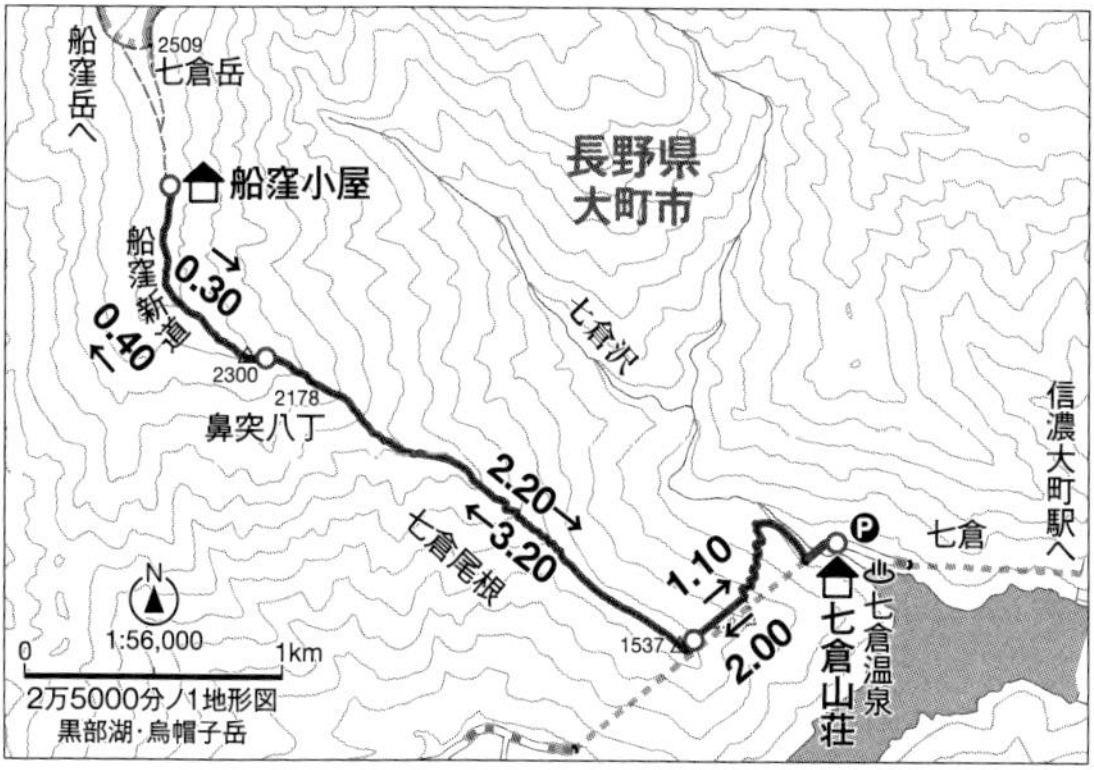

駒の小屋・尾瀬

1泊2日 ｜ 一般向き

会津駒ヶ岳の山頂下、愛らしい池のほとりに立つ小屋はビジュアルからして心躍ります。食事や水は各自で用意する必要がありますが、それがこの小屋の楽しみ。好きなお酒とおつまみも忘れずに。定員が少ないので、週末などは早めの予約がおすすめです。

●営業期間＝4月下旬～10月下旬
●収容人数＝28人
●料金＝素泊まりのみ3000円
●電話＝080・2024・5375
●テント＝なし

交通
会津鉄道会津高原尾瀬口駅前 →〔会津バス1時間10分、1790円〕→ 駒ヶ岳登山口
※タクシーとマイカーは駒ヶ岳登山口の先にある滝沢登山口まで乗り入れ可能。滝沢登山口に駐車場あり。
旭タクシー ☎0241・62・1243

◎小屋までの歩き方

行き＝3時間30分　帰り＝2時間20分

駒ヶ岳登山口〔30分 ⇄ 20分〕滝沢登山口〔1時間30分 ⇄ 1時間〕水場〔1時間30分 ⇄ 1時間〕駒の小屋

◎小屋からハイキング

〈湿原をぶらぶら歩いて山頂まで〉会津駒ヶ岳の山頂までは湿原の中をのんびり歩ける静かな道。小屋に荷物を置いて、水とおやつだけ持って散歩気分で歩いてもいいでしょう。

行き＝20分　帰り＝15分

駒の小屋〔20分 ⇄ 15分〕会津駒ヶ岳

登山に関する問い合わせ：檜枝岐村役場 ☎ 0241・75・2500

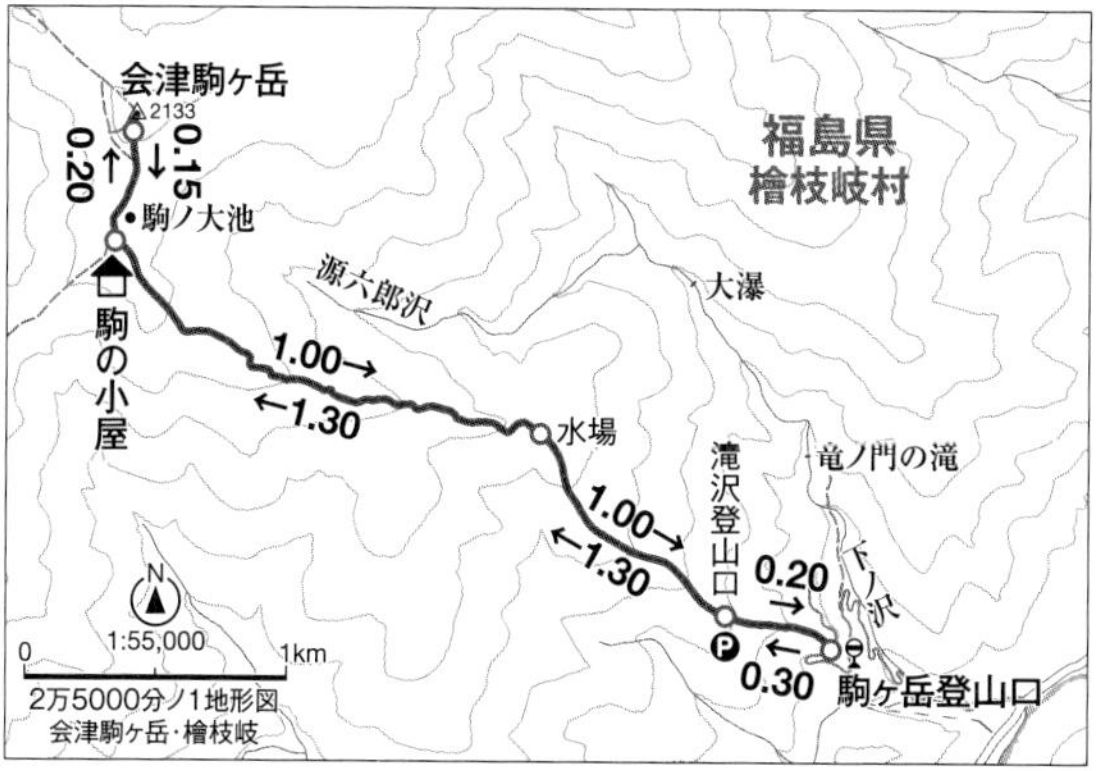

雁坂小屋・奥秩父

2泊3日 ｜ 健脚向き

こちらも自炊のみの小屋。奥多摩と奥秩父を結ぶ縦走路にあり、山旅の途中の登山者たちが行き交う、まさに峠の小屋。若いソロハイカーも多く、活気があります。広い土間で薪ストーブを囲みながら自炊するスタイルも、旅情があってなかなかいいものです。

●営業期間＝4月下旬～11月下旬
●収容人数＝29人
●料金＝素泊まり5000円
●電話＝0494・55・0456
●テント＝1人1000円

交通
行き＝JR中央本線塩山駅 →〔山梨交通バス1時間、1050円〕→ 西沢渓谷入口
※路線バスは4月下旬～9月末の土日祝のみ運行（10月上旬～11月下旬は毎日運行）。
帰り＝将監峠入口 →〔タクシー1時間、1万円程度〕→ JR中央本線塩山駅
塩山タクシー ☎ 0553・32・3200

◎小屋までの歩き方

行き＝3時間55分　帰り＝2時間40分

西沢渓谷入口〔1時間10分 ⇄ 1時間〕沓切沢橋〔2時間45分 ⇄ 1時間40分〕雁坂小屋

◎小屋からハイキング

〈気が向くままに奥多摩大縦走〉奥多摩まで途中途中に点在する山小屋をつないで縦走するのもオツです。日程や体力によってさまざまなコース取りができるので、その計画も楽しんで。

1日目＝7時間　2日目＝1時間30分

雁坂小屋〔3時間50分 ⇄ 3時間35分〕笠取山〔2時間 ⇄ 1時間40分〕唐松尾山〔1時間10分 ⇄ 1時間35分〕将監小屋泊〔1時間30分 ⇄ 2時間20分〕将監峠入口

登山に関する問い合わせ：大町市役所 ☎ 0261・22・0420

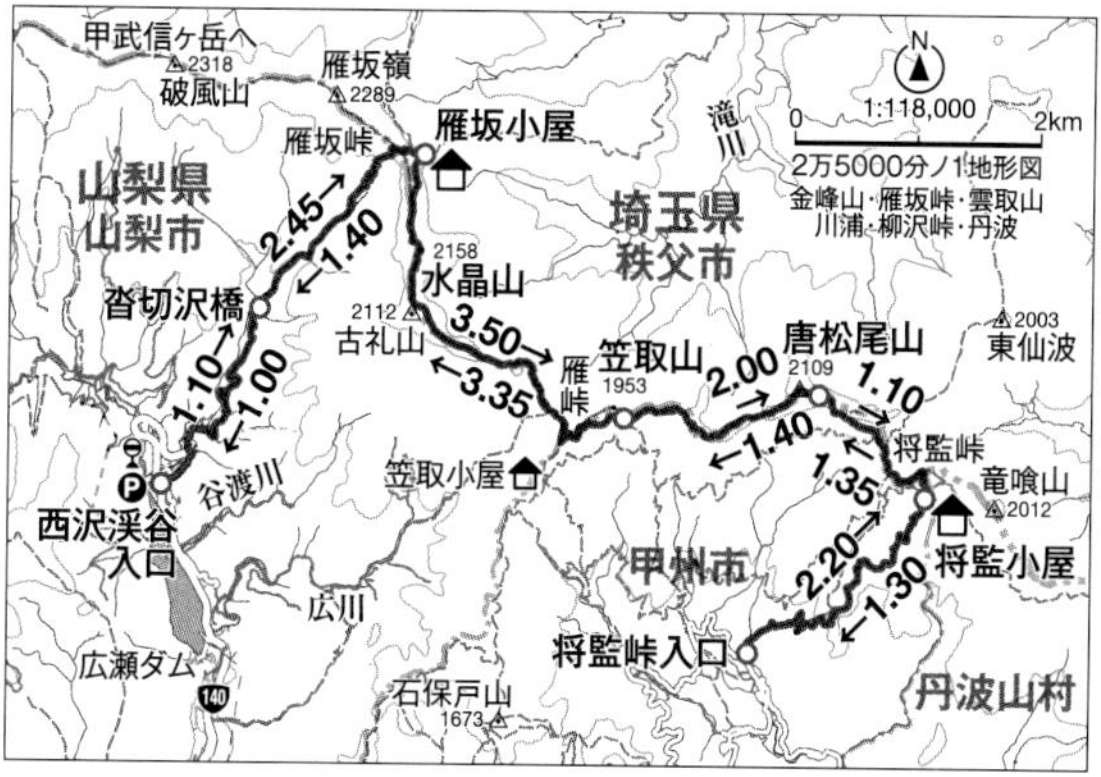

城山茶屋・高尾

日帰り ｜ 初心者向き

高尾山から歩いて1時間ほど。城山の山頂にある休憩専門の山小屋。夏には大きなかき氷が登場するので、そちらもぜひ。缶ビール、ワンカップのほか、よく冷えた瓶ビールがあるのもうれしい。とはいえ、下山もあるので、飲み過ぎにはくれぐれもご注意を。

●営業期間＝通年／9時〜17時（1月末〜3月中旬は土日祝のみ営業）。悪天候時休み
●電話＝042・665・4933
●宿泊＝なし

交通
行き＝京王電鉄高尾山口駅 →〔徒歩15分〕→ 高尾山ケーブルカー清滝駅 →〔ケーブルカー6分、490円〕→ ケーブルカー高尾山駅
帰り＝小仏 →〔京王バス20分、240円〕→ JR中央本線／京王電鉄高尾駅
京王タクシー ☎ 042・642・9966

◎**小屋までの歩き方**

行き＝1時間30分　帰り＝1時間20分

ケーブル高尾山駅〔30分 ⇄ 30分〕高尾山〔1時間 ⇄ 50分〕城山茶屋

◎**小屋からハイキング**

〈隣山まで寄り道ハイキング〉城山からバス停へ下るルートもありますが、せっかくなので隣の景信山まで歩きましょう。景信山にもお茶屋さんがあるので、また違ったグルメを楽しめます。

歩行＝1時間50分

城山茶屋〔1時間 ⇄ 55分〕景信山〔50分 ⇄ 1時間5分〕小仏

登山に関する問い合わせ：

高尾ビジターセンター ☎ 0426・64・7872

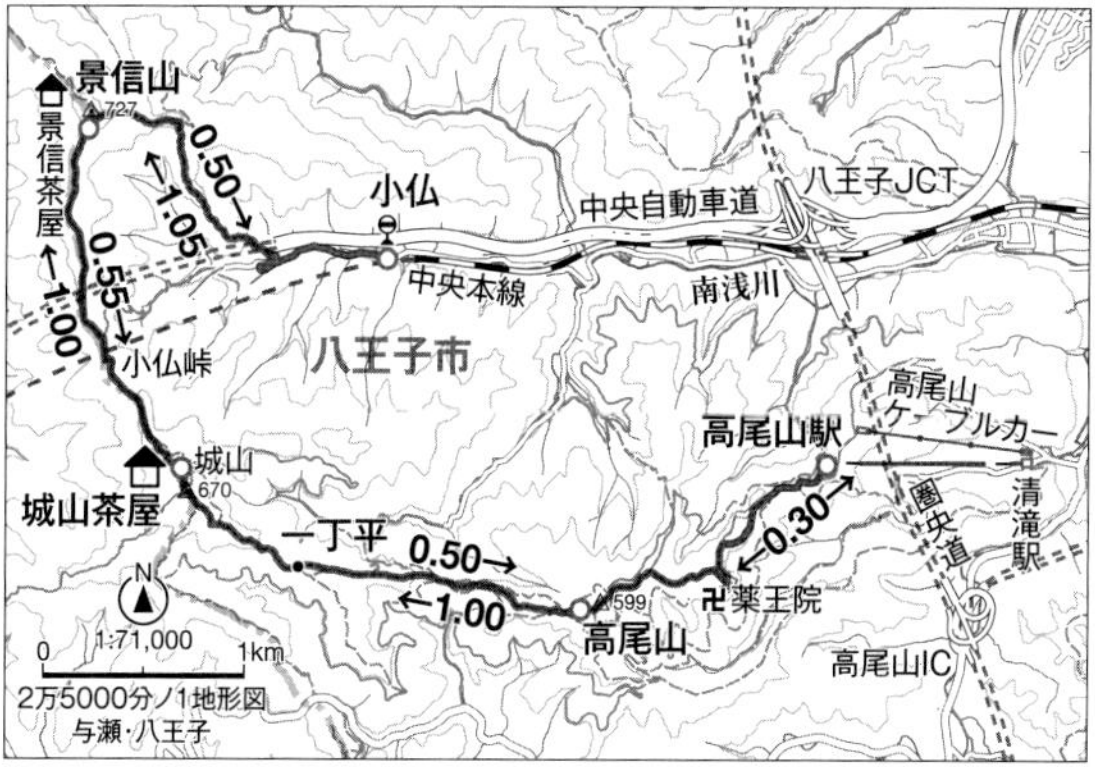

嘉門次小屋・北アルプス

1泊2日 ｜ 初心者向き

上高地から歩いて1時間。梓川のほとりにある昔ながらの山小屋です。宿泊者のみお風呂を利用できるので、早めにひと風呂浴びて、囲炉裏端で岩魚の骨酒をチビチビやるのが最高です。登山者同士の距離が近く、濃密な山小屋時間を体験できるでしょう。

●営業期間＝4月27日〜11月第1土曜日
●収容人数＝30人以下のツアーまたは1日4組
●料金＝素泊まり6000円／1泊2食つき9000円
●電話＝0263・95・2418
●テント＝なし

交通

松本電鉄新島々駅 →〔アルピコ交通バス1時間20分、2000円〕→ 上高地バスターミナル
※新島々駅から上高地バスターミナルまでのタクシー料金は1万2000〜1万3000円程度（約1時間）。上高地バスターミナルはマイカー規制のため、車は沢渡《さわんど》に停めてバスかタクシーで上高地へ。
アルピコタクシー ☎0263・87・0555

◎小屋までの歩き方

行き＝1時間10分　帰り＝1時間10分

上高地バスターミナル〔1時間 ⇄ 1時間〕明神〔10分 ⇄ 10分〕嘉門次小屋

◎小屋からハイキング

〈梓川に沿って上高地散策〉朝、東京からの夜行バスが到着する前の上高地はとても静か。梓川に沿って散歩していると、鳥のさえずりが心地よく届きます。早朝の田代池の美しさは格別です。

歩行＝1時間35分

嘉門次小屋〔1時間15分 ⇄ 1時間15分〕田代橋〔20分 ⇄ 20分〕上高地バスターミナル

登山に関する問い合わせ：

松本市アルプス観光協会 ☎ 0263・97・2221

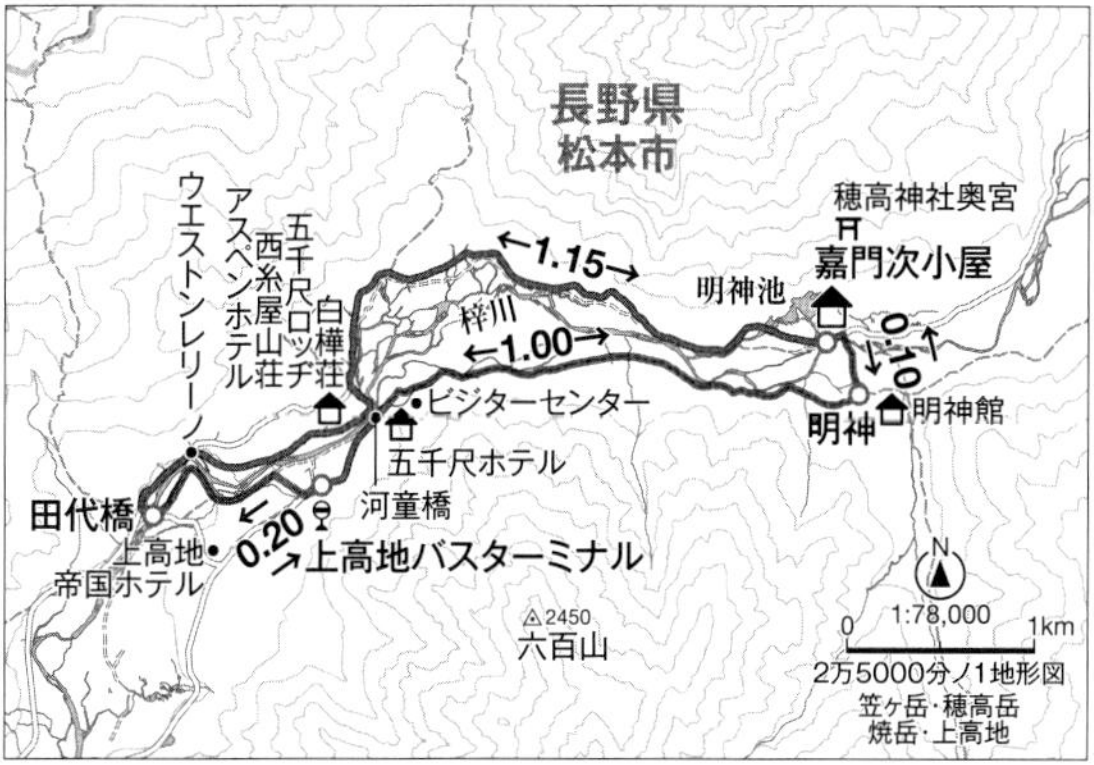

日の出館・富士山

1泊2日 ｜ 一般向き

山小屋ひしめく吉田ルートのなかで、小屋の前から素晴らしいご来光が望める山小屋のひとつ。江戸時代から続く山小屋で、かつての富士講の話や富士登山の歴史について聞くのも毎回の楽しみ。夕食は定番のカレーですが、小屋で炊くごはんがすごくおいしい。

●営業期間＝7月1日～9月10日
●収容人数＝150人
●料金＝素泊まり6000円／1泊1食つき7000円／
1泊2食つき8000円（金土＋500円）
●電話＝0555・24・6522
●テント＝なし

交通

行き＝富士急行富士山駅 →〔富士急バス30分、500円〕→ 馬返し
帰り＝富士スバルライン五合目 →〔富士急バス50分、1570円〕→ 富士急行富士山駅
富士急山梨ハイヤー ☎ 0555・22・1800

◎小屋までの歩き方

行き＝4時間50分　帰り＝2時間50分
馬返し〔3時間40分 ⇄ 2時間5分〕六合目〔1時間10分 ⇄ 45分〕日の出館

◎**小屋からハイキング**

〈のんびりと富士山頂へ〉ほとんどの登山者は夜11時頃に小屋を出て山頂を目指しますが、小屋の前でご来光を拝み、朝食をとり、それからゆっくりと山頂を目指すのもいいものです。

歩行＝7時間50分

日の出館〔4時間→〕富士山〔3時間10分→〕六合目〔40分→〕五合目

登山に関する問い合わせ：

ふじよしだ観光振興サービス ☎0555・21・1000

くろがね小屋・東北

1泊2日 ｜ 一般向き

名湯と名高い岳温泉の源泉を楽しめる温泉つきの山小屋（もちろん源泉掛け流し！）。消灯時間近くまで入浴できるので、温泉、ごはん（夕食の秘伝カレーがこれまた美味）、温泉、お酒、温泉……という至福の無限ループを心ゆくまで堪能してください。

●営業期間＝通年
●収容人数＝50人
●料金＝素泊まり4100円／1泊2食つき6600円（冬季＋400円）／日帰り入浴500円（冬季＋300円）
●電話＝090・8780・0302
●テント＝なし

交通

JR東北本線二本松駅 →〔タクシー40分、5500円程度〕→ 奥岳
※時期によっては二本松駅から奥岳まで直通のシャトルバス（福島交通）がある。
昭和タクシー ☎ 0243・22・1155

◎小屋までの歩き方

行き＝1時間55分　帰り＝1時間25分

奥岳〔1時間30分 ⇄ 1時間〕勢至平〔25分 ⇄ 25分〕くろがね小屋

◎小屋からハイキング

〈安達太良山頂を経てラウンドハイク〉火山らしいダイナミックな風景が広がる安達太良山の山頂には、ぜひ足を運んでみてください。帰りはロープウェイで一気に下れるので、のんびりハイキングができます。

歩行＝2時間

くろがね小屋〔1時間 ⇄ 45分〕牛ノ背〔15分 ⇄ 15分〕安達太良山〔45分 ⇄ 1時間10分〕山頂駅〔あだたらエクスプレス10分 ⇄ 10分〕奥岳

登山に関する問い合わせ：二本松市役所 ☎ 0243・23・1111

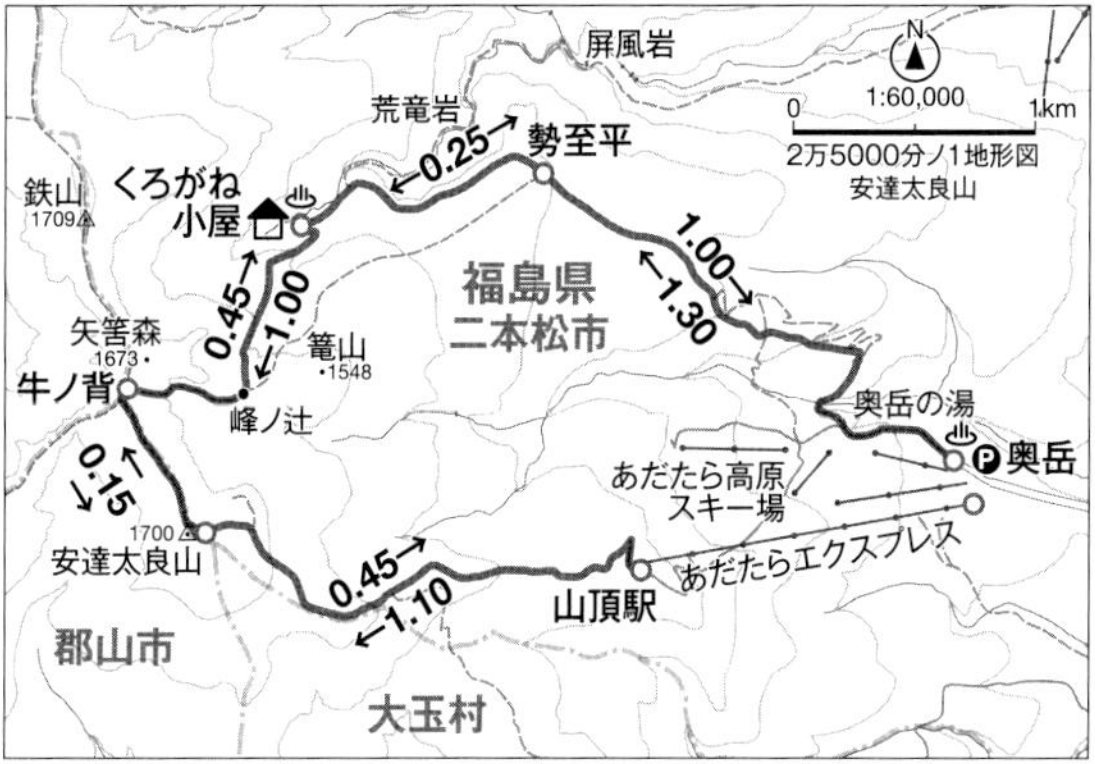

しらびそ小屋・八ヶ岳

1泊2日 ｜ 初心者向き

山小屋という言葉がこれほど似合う場所はないというほど、素朴で愛らしい小屋。池のほとりにあって、窓辺には野鳥やリスが遊びに来ます。小屋の前から見上げる天狗岳はとくに朝が素晴らしく、運がよければ山が真っ赤に染まる朝焼けを見られます。

●営業期間＝通年（定休日あり）
●収容人数＝40人
●料金＝素泊まり6000円／1泊2食つき9000円
（冬季は暖房費＋800円）
●電話＝090・4739・5255
●テント＝1人1000円

交通

JR小海線小海駅 →〔小海町営バス40分、800円〕→ 稲子湯
※路線バスは4月下旬～11月下旬の運行。
小海タクシー ☎ 0267・92・2133

◎**小屋までの歩き方**

行き＝2時間30分　帰り＝1時間50分

稲子湯〔30分 ⇄ 20分〕みどり池入口〔2時間 ⇄ 1時間30分〕しらびそ小屋

登山に関する問い合わせ：小海町役場 ☎ 0267・92・2525

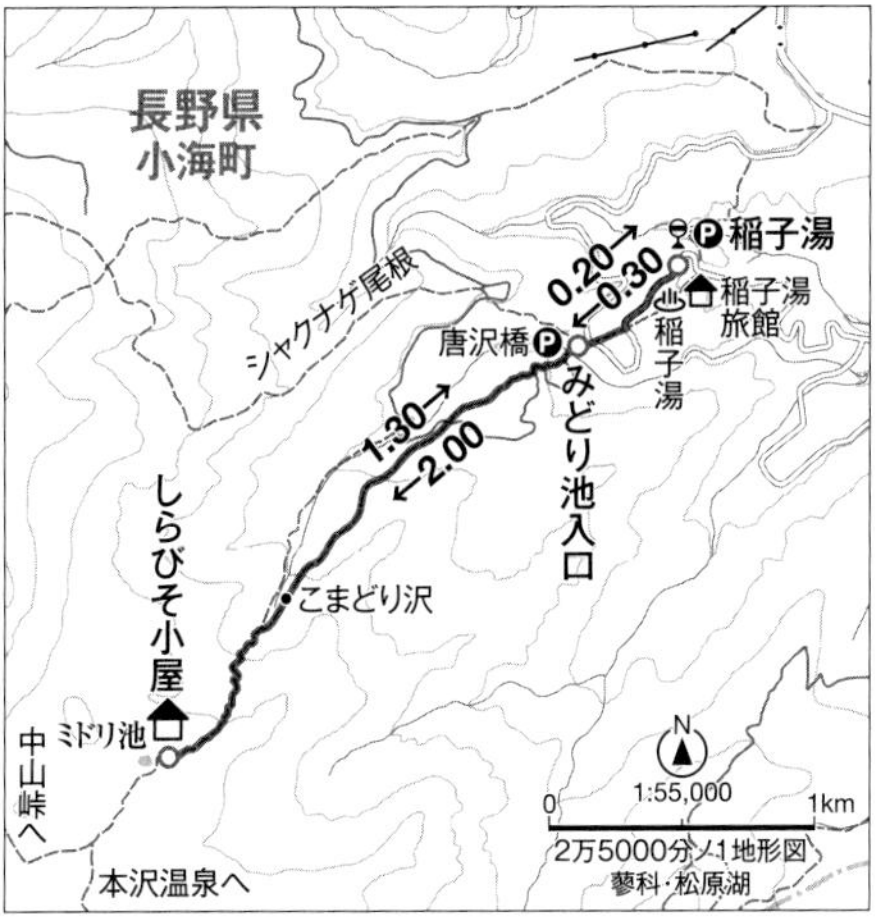

おわりに

野川さんと山小屋を訪ね歩くようになって10年近くになる。

初めて一緒に山小屋を訪れたのは登山を始めたばかりの20代のころで、「どんな強面の主人が出てくるのだろう」と、小屋の扉の前で、もじもじしていたように思う。

世間知らずの若造にとって、山小屋での時間はカルチャーショックの連続だった。小屋主に靴の脱ぎ方を叱られたり、見ず知らずのおじさんに布団のたたみ方を指導されたり、「あなた、もっときちんと荷物の整理をしなきゃだめよ」とお姉様がたに小言をもらったり。「ああもう面倒くさい！」と内心毒づきつつも、指摘されるのはたしかに自分の至らない部分で、規範や行儀について、大人になってからこれほど率直にダメ出しされるなんて、と妙に清々しい気持ちになったものだった。

「テントのほうが気楽じゃない？」と言われることがある。たしかにテントなら誰に小言を言われることもない。荷物も散らかし放題、大の字で寝られるし最高だ。でも、と思う。

これまでの登山を振り返ると、山の記憶の大半が山小屋で過ごした時間であることに気づく。その断片を拾い集めて文章にしてみたら、ふたりで登ったはずの山の中に、数え切れないほどの人との出会いがあり、その会話や共有した時間が山の情景の一部となって強く心に残っているのだと改めて知った。人が介在することで、ある山はその輪郭をよりくっきりと持ち、唯一無二のものとなった。そしてその風景は、けっして失われることのないものとして自分のなかに刻まれた。私にとっての登山の歓びとは、そんな固有の、私だけの山を積み重ねていくことなのかもしれないと今は思う。

そうした山々について書き、写真を残せたのは本当にありがたいことだ。雑誌連載時から自由に表現させてくださった編集の五十嵐雅人さん、頼りない記憶の断片を、美しい本という形にまとめてくださったデザイナーの菊地敦己さん、登山の「と」の字も知らない私に山の作法と魅力を教えてくださった山と溪谷社の先輩方、そしていつもおおらかな心で迎え、もてなしてくださった山小屋の皆様に、この場を借りて深く御礼申し上げます。

小林百合子

写真について——あとがきにかえて

山小屋での、そこへ至る山歩きの時間にそっと寄り添い写真を撮ること。
丁寧に、静かに、真っすぐに。

野川かさね

小林百合子（こばやし・ゆりこ）
1980年兵庫県生まれ。早稲田大学第一文学部卒業。出版社勤務を経て独立。山岳や自然、動物、旅などにまつわる雑誌、書籍の編集を多く手がける。女性クリエイター8人からなる山登りと本づくりユニット〈ホシガラス山岳会〉発起人。著書に『一生ものの、山道具』『山登りのいろは』『最高の山ごはん』（ともにパイ・インターナショナル）、『いきもの人生相談室』（山と溪谷社）、野川かさねとの共著に『山と山小屋』（平凡社）など。

野川かさね（のがわ・かさね）
1977年神奈川県生まれ。山や自然の写真を中心に作品を発表する。クリエイティブユニット〈kvina〉、自然・アウトドアをテーマにした出版・イベントユニット〈noyama〉の一員としても活動する。作品集に『Above Below』（Gottlund Verlag）、『with THE MOUNTAIN』（wood / water records）、著書に『山と写真』（実業之日本社）、共著に『山・音・色』（山と溪谷社）など。

本書は『ワンダーフォーゲル』連載「山と山小屋」（2015年10月号～2018年2月号）を大幅に加筆修正したものです。
初出：山小屋奇譚 ANAグループ機内誌『翼の王国』2016年8月号 / No.566

本書は2018年に山と溪谷社より刊行された同名の単行本を文庫化したものです。

山小屋の灯

二〇二一年二月五日　初版第一刷発行

著　者　文＝小林百合子　写真＝野川かさね
発行人　川崎深雪
発行所　株式会社　山と溪谷社
郵便番号　一〇一―〇〇五一
東京都千代田区神田神保町一丁目一〇五番地
https://www.yamakei.co.jp/

■乱丁・落丁のお問合せ先
山と溪谷社自動応答サービス　電話〇三―六八三七―五〇一八
受付時間／十時～十二時、十三時～十七時三十分（土日、祝日を除く）
■内容に関するお問合せ先
山と溪谷社　電話〇三―六七四四―一九〇〇（代表）
■書店・取次様からのお問合せ先
山と溪谷社受注センター　電話〇三―六七四四―一九一九
ファクス〇三―六七四四―一九二七

デザイン　菊地敦己
地図製作　アトリエ・プラン
編集　小林百合子　五十嵐雅人（山と溪谷社）
校正　末吉桂子
印刷・製本　図書印刷株式会社

定価はカバーに表示してあります

JASRAC 出 120 5574-201

Printed in Japan ISBN978-4-635-04905-4